孙文峥 著

中国人学英语：
话语建构与主体实践

Chinese People Learning English:

Discourse Construction
and Learner-Oriented Practice

南京大学出版社

图书在版编目（CIP）数据

中国人学英语：话语建构与主体实践 / 孙文峥著.
—南京：南京大学出版社，2020.12
ISBN 978 - 7 - 305 - 24019 - 5

Ⅰ.①中…　Ⅱ.①孙…　Ⅲ.①英语—学习过程—研究
Ⅳ.①H319.3

中国版本图书馆 CIP 数据核字（2020）第 241564 号

出版发行　南京大学出版社
社　　址　南京市汉口路 22 号　　　　　邮　编 210093
出版人　金鑫荣
书　　名　**中国人学英语：话语建构与主体实践**
著　　者　孙文峥
责任编辑　郭艳娟

照　　排　南京紫藤制版印务中心
印　　刷　南京玉河印刷厂
开　　本　880×1230　1/32　印张 7.375　字数 200 千
版　　次　2020 年 12 月第 1 版　2020 年 12 月第 1 次印刷
ISBN　978 - 7 - 305 - 24019 - 5
定　　价　29.00 元

网　　址　http://www.njupco.com
官方微博　http://weibo.com/njupco
官方微信　njupress
销售咨询　(025)83594756

目　录

第一章　绪论

第一节　研究缘起与研究问题

自清朝中晚期至中华人民共和国成立的一百多年时间里,中国英语教育的发展经历了复杂而曲折的变化。英语在中国的传播经历了从无到有,从被动到主动,从部分人学到全民学英语的过程(王辉,2015:21)。而真正意义上的全民"英语热"始于改革开放,至今已经持续了四十多年。这期间,经历了从家家户户传出中国最早的情景英语教学节目 *Follow me* 的正宗牛津音,到如今中国大城市年轻人个个都能说上几句流利的英文;从为练习口语中国内地各大高校出现"英语角",到北京奥运会前后中国内地"人人学英语"再度升温(孙璐,2009)。在学英语的热潮中,"学英语从娃娃抓起"更是成了一大新特点,英语学习低龄化趋势越来越明显(赵丽、戴梦岚,2017)。2016 年发布的《中国少年儿童英语学习现状及趋势白皮书》显示,在受访的 11775 名少年儿童中,有 59.4%的少年儿童在 3—5 岁就开始学习英语,32.8%的受访者表示在小学阶段开始学习英语,有 7.8% 的受访儿童在 3 岁前就开始学习英语。也就是说,有 67.2% 的少年儿童在 5 岁前就开始学习英语。随着互联网络的发展,在线英语教育也在如火如荼地发展。品途智库发布的《2018 中国在线英语教育创新研究报告》中预测,2018 年中国在线英语市场规模将达到 571 亿元人民币,未来仍将保持年均超 20% 的增速快速增长。在《英孚英语熟练度指标报告第九版》(2019 年)中,英孚对全球 100 个国家和地区 230 万人进行了英语水平测试及排名。根据数据分析后得出,中国熟练度指标为53.44,排名第 40。报告同时指出,在过去的十年里,中国保持着上升势头,第一次从英孚英语低熟练度上升至中等熟练度。①

　　长期的英语学习热度、持续性的人力和财力投入、逐步提升的国民英语能力等只是部分描摹出了中国人学英语的社会文化景观。作为国际通用语,依托全球化的文化流动浪潮,当代中国人正以前所未有的广度和深度,吸纳英语及其背后所负载的语言文化,并在这一漫长的学习过程中阐发出独特的话语体系。

案例 1:

　　以短视频形式迅速走红网络的知名博主 PAPI 酱,在 2016 年8 月 22 日推出了一个以"当代人必备手册之英语与中文的混搭八

---

　　① 英孚英语熟练度指标根据调查国家和地区从"极高"到"极低"划分为五个熟练度水平。需要明确的是,某国的英语熟练度水平仅表示该国受调查个人的"平均"水平。"极高熟练度水平"范围内完成的相应任务为:在社交场合使用差别细微的恰当语言、轻松阅读高级文本、与英语母语使用者商议合同。"高熟练度水平"范围内完成的相应任务为:工作时上台发言、理解电视节目、阅读报纸。"中等熟练度水平"范围内完成的相应任务为:参加自己专业领域的会议、理解歌词、就熟悉的学科撰写专业电子邮件。"低熟练度水平"范围内完成的相应任务为:在英语国家旅游、和同事闲聊、理解同事发来的简单电子邮件。"极低熟练度水平"范围内完成的相应任务为:简单自我介绍(姓名、年龄、出生国家)、理解简单标志、为外国游客简单指路。

法"为主题的短视频。在视频中,PAPI酱指出"英语已经成为现代中国人在日常生活中乐于并熟练运用的一种语言",并总结和列举了八种日常生活中将英语和中文杂糅在一起的语言表达方式,包括:"双重强调"(例如:"我跟你讲这件事情超级尴尬 very embarrassing")、"单独强调"(例如:"Lucy,这个 case 你来 follow 还 OK 吗")、"小学式英语"(例如:"那个辣条 very 好吃啊")、"神转折"(例如:"Whatever 我的爱豆做了什么,我都会爱他")、"高阶语气词"(例如:"Oops,我好像错拿了你的手机")、"高端黑话"(例如:"他们现在主要是 UGC 但之后肯定要做 PGC")、"原味名词"(例如:"hmmm 相比 Martini 我觉得 Vodka 比较好喝")和"跨界混搭"(例如:"Shall we 早点去吃个 dinner so that we can sho 个 pping")。PAPI酱认为,这些表达方式可以有效地起到"天真可爱"、"打造一个在海外生活了多年的人物形象"、"除了本专业之外所有人都听不懂的效果"、"对不起它的中文名我不懂"、"体现说话者的天才语感"等作用。该视频在新浪微博的播放量迄今为止已经达到 5000多万,评论 6 万多,转发近 8 万,获赞 49 万多。

案例 2:

2017 年,一篇名为《中产教育鄙视链:绝不让娃和没英文名、看喜羊羊的孩子同读没外教的幼儿园》的文章在网络上引发了争议。文中描述了一个与学英语相关联的细节。

让孩子从小就尽量多接触英语环境,是郑开欣自怀孕起就确认的教育方式。但真正让郑开欣下决心送女儿进入正规培训机构学习英语,是由于一件小事的触动。一次,她带女儿在国贸附近、朋友开的双语绘本馆看书,一个小女孩跑到另一个小女孩面前问:"我可以和你做朋友吗?"谁知对方回答:"你会说英语吗？如果你说英语，我就和你做朋友。"事后，朋友告诉郑开欣，这个小女孩的父母是绘本馆的长期会员，都是海外名校留学归来，在外企驻华公司担任管理职务。因此，早早就对孩子进行英语教育，甚至连家里请的保姆都是菲佣。"这是我第一次意识到，原来英文不仅仅是一项基本技能，而且已经成为孩子之间区分阶层的一大标准。"郑开欣说，回家后，她立刻过滤掉曾经考虑过的几家或便宜、或由中教授课的英语班，直接选择了位于北京东三环附近的"顶配"补习班。机构位于北京东三环附近，是一个由外教授课，小班教学、号称纯正美国发音、全浸入式教学的少儿英语培训机构。（于也，2017）

初次见面使用英文名做自我介绍；对话交流中采用中英夹杂的表达方式；"双语宝宝"概念出现，并伴随着从小开始的英语氛围的营造；英语学习层次和规格正在制造并进一步强化区隔和分野等，学英语及其背后的文化消费，与社会阶层和生活方式产生了勾连，并经由广告营销的塑造和媒介再现，与个人素质、审美价值、个性品位等产生了关联……"学英语"也由此成为一种话语叙事。中国人的"学英语"，已不再限于传统意义上学校课堂中理论化且系统性的语言知识传授，所学的更是进入日常生活深层结构中的一系列开放的、即时的、动态的话语集合体。大众传媒、群体传播、人际交往等传播形态生产并传递着相关话语。而人们在接纳和吸收话语的过程中，也积极地参与意义生产，并在之中渗透着情感和想象。

本研究旨在从传播学的角度探讨中国人学英语，将学英语作为多元媒介话语建构下的社会文化实践。基于此，研究提出核心问题：在这一持久且动态的历程中，当代中国人如何通过学英语建构自我。围绕核心问题，研究将具体探讨如下相关联的问题：改革开放至今,当代中国围绕学英语产生了哪些与之相关联的国家话语;大众传媒如何表征学英语;以英语培训机构为主体的市场,在宣传学英语时采取了怎样的话语策略;作为将各种传播范式"整合为一体"的互联网,又赋予了学英语怎样的全新样态;人们自身如何理解、表达和叙述自我学习英语的历程;当其生命历程和学英语联系在一起时,相关话语引发了个体怎样的认知、情感和相应的实践行为。学英语给当代中国人的社会观念和行为方式刻下怎样独特的文化烙印。

第二节 文献综述与分析框架

一、语言—传播符号体系的基础

在《菲德罗篇》中,柏拉图设计了一个关于灵魂的著名神话:理性作为双轮马拉战车的驾驭者,抓住白色骏马和黑色骏马的缰绳,白色骏马代表人的勇猛或情感部分,对理性的命令较为驯服,黑色的骏马难以驾驭,代表着欲望或情欲,必须受驭手鞭挞才肯循规蹈矩。理性为了塑造神圣的、永恒的人,不得不控制人的情感、情欲,而为了控制,它延伸出缰绳和马鞭的技术性想象,把约束和强制的观念嵌入缰绳和马鞭之中,使其传达对情感、情欲的广泛而深入的控制,从而形成某种控制的偏向。如今,从语言、文字、印刷媒介、电子媒介到网络媒介,媒介演绎成了无限的缰绳和隐形的马鞭,控制着人的感觉世界和文化世界(单波,2009)。马歇尔·麦克卢汉(2011)指出,媒介是人的延伸。这种延伸通常是指人肉体和神经系统增加力量和速度的延伸。媒介针对人的组合与行为的尺度和形态,发挥着塑造和控制的作用,这也是"媒介即讯息"的内涵。媒介的形式是五花八门的，包含"口语、文字、服装、住宅、货币、时钟"在内的诸多用具。而语言占据着传播符号体系中的基础性地位。正如麦克卢汉所言，"我们的时代把研究对象最后转向语言媒介本身，去研究语言如何塑造日常生活"。

什么是语言？维特根斯坦认为想象一种语言就意味着想象一种生活方式。海德格尔曾提出一个充满诗意的命题：语言是人类存在的家园。"在思中，在成为语言。语言是存在的家。在其家中住着人。那些思者以及那些用词创作的人，是这个家的看家人。"（海德格尔，1995：32）从哲学认识论的意义上来看，语言虽然是人类认识和实践活动的创造物，但是语言一旦产生和发展起来便具有相对独立性和自主性。它会作用于人的认识活动和实践活动。人在掌握语言的同时，也在被语言所掌握（王晓升，1994）。由于语言与人类的生存活动、人类自身的生理机制都有着十分密切的关系，不同领域的学者从不同的角度、不同的侧重点关注语言，对语言的本质做出相应的、不同的阐释。近百余年来，关于"语言"比较有代表性的定义已不下百余种。其中大体涵盖语言工具说、符号说、本能说、世界观说、社会现象说、存在说、行为方式说，以及表述说、表达说、词语规则说、系统说、活动说、信息说等十几种说法（于全有，2008：135）。如何从传播学视角阐发语言的意义，尤其是语言体系中具有特殊重要地位的英语，成为文章理论分析的一条主线。

不同阶段对于媒介的定义有不同的切入视角。初期实证主义传播学以及法兰克福学派将传播研究的问题始终围绕在国家和社会如何通过信息的传递实现对个体的组织和控制，因而"媒介"的定义始终落在大众传播的范畴之内，成为传递意识形态、价值观的中性"工具"。随着查尔斯·霍顿·库利和乔治·赫伯特·米德在个体自我意识形成的层面,从互动与对话的角度讨论传播,"媒介"从传递信息的"工具"转变为个体间彼此适应的"中介"(钱佳湧,2018)。英国传播学者 Sonia Livingstone 在 2008 年国际传播学会中,以"论一切的中介化"为题做主题演讲。她将中介化定义为介入两个不同元素之间并联结它们的特定关系及其动态。而语言即是"中介化的典型范例"(Livingstone,2009)。"正是经由语言,人们了解了世界和他们自身"(Gergen,2002:228)。王一川(1994)从三个方面对语言的内涵展开了进一步延展和阐发。首先,语言直接地指人的说、写、读、听行为及产品形态,即狭义的"语言行为"或"语言符号"。其次,语言同时也包含"非语言行为"或"非语言符号"。这是比原初的"说话"和"书写"远为宽泛的各种符号表意行为及表意系统的通称。在实际运用中,"语言符号"总与"非语言符号"交织一体而难分彼此。没有一个人只是说话,任何言语行为都包含了通过手势、姿势、服饰、发式、香味、口音、社会背景等这样的"语言"来完成信息传达,甚至还利用语言的实际含义来达到多种目的。手势、服饰、香味等"非语言符号"也被当作了语言。正是在这个意义上,结构主义将整个人类活动都看成是语言。人类文化好像是一个"巨型的语言",具有"拟语言结构"。最后,也就是在20世纪,语言才可能被如此广泛地用来指各种现代传播媒介如无线电通信、电影、电视乃至电脑等语言。从赫拉克利特时代的口头语言和手写语言,进展到印刷"语言",直至发展到无线电"语言"、新闻"语言"、摄影"语言"、电影"语言",再到当前的网络互联语言,媒介体验形式的日新月异不仅意味着人的生存方式的改变,也极大地拓展了语言的表达方式,深化了语言的内涵。在此基础上,王一川(1995)从纵向和横向对语言进行了阐发。从纵向上看,语言涉及"背后"或"深层"的一整套语法、规则或管理系统,以及相应的社会性环境和需要。从横向上看，语言类比地和扩展地指整个符号表意行为及表意系统，涉及"语言符号"和"非语言符号"，或"语言"和"拟语言"。从纵向和横向对语言展开的剖析，为语言的中介化做了更为清晰的诠释。语言所勾连的，是宏观的社会文化和微观的个体自我表达。而语言也通过这一方式，与社会的构建、人们的存在建立起复杂且紧密的关联。

语言、文化和自我息息相关，很难分开。人们的社群意识和身份认同包含在语言之中，因此语言一直以来都是一个非常敏感的主体。中国的道家、希腊的辩士等都认为语言习得，即对一种语言的学习和掌握，就是对思考能力、身份尤其是文化身份的获得。当孩子在学习一门语言的时候，他们实际上是在学习一种不仅决定他们会思考什么，更决定他们如何思考的体系（艾瑞克·克莱默，2015：43）。和种族、宗教、阶级、性别、政治观点、经济地位一样，语言作为符号系统中最重要的组成部分之一，是显示文化身份最敏感的指标。它与人们的思维密不可分，影响着人们认识世界的方式（单波，2010：153）。所以在对处于传播符号体系基础地位的语言进行阐发和考察时，研究的视角和维度不能仅停留在语言是"词汇和语法构成的系统"的"人类自然语言意义"层面，也应超越语言是"人类最重要的交际工具"、"是人类形成和表达思想的手段"的工具主义语言观。作为传播的"元符号"，语言是与人们的文化、存在密切相关的符号表达方式。

二、英语—语言传播与全球化

作为在国际交流中使用频率最高的语言，英语已俨然成为人类社会交际不可或缺的重要组成部分。随着现代交通、通信技术的进步，人口的大量迁移，全球经济的一体化，人类跨文化交流的密度和广度前所未有,英语在社会发展和个体发展中的重要性也日益凸显,成为国际间的通用语言(lingua franca)。David Crystal等(2003)指出英语是当代当之无愧的、位列第一的"全球性语言",在全球范围内使用人数最多。并且在每个国家,英语都被认为具有非常特殊的意义。

Kachru(1986)根据英语在各个国家的地位将国家分为内圈(the Inner Circle)、外圈(the Outer Circle)和扩展圈(the Expanding Circle)。将英语作为本族语的国家如美国、英国、澳大利亚等属于内圈。外圈是指把英语作为官方或半官方语言的国家,如印度、新加坡、尼日利亚等。把英语作为外语的国家,诸如中国、韩国、日本、俄罗斯等属于扩展圈。虽然总体上将英语作为母语的人数全球比例有所下降,但将英语作为主要外国语的全球人数正在逐步增加(Eriksen,2014:62)。对于很多非英语国家的人而言,一口流利的英语已经成为国际化的象征(Friedman,2003)。英语语言及其背后语言文化的崛起、传播和扩散引发了越来越多的学者的关注。

如何面对国际通用语的英语,如何看待英语的全球性强势地位,人们一直持有不同的看法。有人认为,因为语言与文化身份和民族国家之间具有象征性的联系,所以在全球范围内使用某种语言,就意味着推广该语言所承载的意识形态,这被称为语言主义(单波,2010:154—155)。英语在全世界的广泛普及被很多人认为是一种语言帝国主义。著名语言文化学者罗伯特·菲利普森在其著作《语言领域的帝国主义》中对语言帝国主义(linguistic imperialism)展开了分析,指出英语语言帝国主义是指英语通过建立与不断重构其在结构与文化上与其他语言之间的不平等,从而确立与维持在语言方面的主导性地位。结构就其广义而言，是指有形资产，例如制度、财政分配，而文化是指非物质的或意识形态资产，例如态度、教学原则等（Phillipson，1992：47）。基于强大的经济和资本实力，英语得以维系全球性的强势地位，并发挥文化影响力。与此同时，因为语言不仅是交流和传播的工具，它同时和文化之间密不可分，是承载着"文化和个人身份的语料库"，所以人们关注的不仅是英语"悄无声息又潜移默化"的语言帝国主义，更是英语背后的语言文化在全球范围内的影响力，即文化帝国主义（cultural imperialism）。作为文化帝国主义理论的主要倡导者之一，著名传播学者赫伯特·席勒在著作《传播与文化支配》中对文化帝国主义进行了界定："如今，文化帝国主义概念被描述为这些进程的总和，通过这些进程，一个社会被卷入了现代世界体系，以及该社会的主导阶层是如何被吸引、压制、强迫，以及有时甚至被收买来塑造社会制度的，这些社会制度必须要符合该体系内处于支配地位中心的价值与结构，甚至要促进其发展"（Schiller，1976：9）。菲利普森在阐述语言帝国主义时，也引用了席勒的阐述，认为英语语言帝国主义是文化帝国主义的一部分，"英语得以保持绝对的优势地位，部分原因是英语在媒介中的主导地位。而诸如电影、录像、电视等媒介产品进一步有力地推动了英语的语言帝国主义"（Phillipson，1992：59）。

杨卫东（2013）就文化帝国主义的表现形式，将其分为媒介帝国主义与语言帝国主义两个方面。但无论媒介还是语言，它们都是文化传播的工具或表现手段。语言背后体现着一种思想，媒介背后也隐藏着一种思想。媒介和语言彼此融合，共同服务于文化，是文化的载体。"世界在图像中被感知，同时在语言中被建构"

(Tam，2004：xix)。Hjarvard(2004)指出，当前丹麦文化呈现出日益英美化，媒介是其中一个重要的原因。当广告、杂志、电子游戏等频繁地出现和英语相关的词汇、表达或文本时，它不仅反映出了当前全球英美文化的强势，也同时积极地再生和强化了英语语言在丹麦语言体系中的地位，并推动英语在营销、生活方式建构等更多领域的运用，进一步深化其影响力。媒介和语言，处于持久的互动和相互影响中。而相较于英语的发源地英国，美国所生产的，依托广告等媒介的，承载着美国文化的英语文化产品，在全球范围内的影响力更加强大和深远(Johnson，2009)。虽然将"文化帝国主义"完全等同于"美国化"太"粗糙"，但"文化帝国主义"更具体地说主要是针对西方世界的"领头羊"美国，与美国大众文化在发展中国家传播引起"美国化"这一现象密切联系在一起，尤其是美国媒介对世界各地大众生活的影响甚至控制。此外，美国文化产品自身的吸引力对公众也产生了一种难以抵制的"诱惑"。它们并不需采取强制性的措施来迫使其他国家接受美国的生活方式。对于追求"现代性"的人来说，他们模仿美国文化产品传递的生活方式很大程度上并不是受到了外部的压力，而是自身的一种主动的行为(王晓德，2009)。

面对英语及其相关联的大众媒介、消费文化的广泛辐射而产生的针对文化帝国主义的焦虑，塞缪尔·亨廷顿(2002：50)并未产生过多的担忧。相反，在他看来，使用英语来做知识交流有助于维持民族相互分离的文化认同，并且确实加强了这种认同。正是由于人们想要保存自己的文化，他们才能使用英语来同具有其他文化的民族交流。汤林森(1991：82)在著作《文化帝国主义》中提出，"产自西方的各种媒介文本确实大量充斥于其他的文化……除非经过阅读，否则文本在文化上并没有重大的意义。在阅读之前，任何文本的地位与进口的白纸没有两样：这样的文化，在物质及经济上是有意义的，但它却没有直接的'文化'意义"。而去消费文本，就是进入"解域、调和与杂交的过程"；去接受，就是去挪用，去表达，去生产，去实践。对所谓"文化帝国主义"文本的消费和接受，呈现出一个积极的反向过程，一个反客为主的自我建构过程（金惠敏，2014：24）。除了文化主体的凝聚和文化认同的形塑，也有可能会锻炼出更具有自主独立性的文化个体。当社会生活越来越多地被国际潮流、风格营销、跨国旅行、覆盖全球网络的媒介影像和传播系统所形塑，会有更多的个体超越特定的时间和空间、历史和传统，更加自由和独立（Hall，Held and McGrew；1992：303）。

文化全球化不仅仅表现在电影、出版、网络媒体、动漫、游戏等传媒和娱乐文化上，更突出地体现在作为文化载体的语言。英语借助传媒和娱乐等文化形式一起传播出去，并且成为文化产品的有机组成部分。在纷繁复杂的文化流动和传播间，在技术和商业的支持下，以英语语言为沟通媒介，以美国、英国为主体的大众文化产品在全球范围内广泛地延展和传播，产生强大的影响力。而英语在其中发挥着"文化传播、融入和认同"的重要功能。比如，好莱坞电影文化在全球传播过程中，传播的不仅仅是电影。作为电影重要的沟通媒介，英语也随之传播，并且潜移默化地引导人们对英语进行更多的学习和了解（王辉，2015：26）。用英语阅读、表达、互动，感知和消费与英语文化相关的大众文化媒介产品，接触、了解、引导、解读语言及其所承载文化的过程，同时也成为学英语的重要组成部分。

三、多元研究视角下的"学英语"

在人类学学者看来,文化是通过学习和分享而获得的一系列行为和价值观念。分享说明文化具有社会性。学习表明个体并不先天具备文化,而是通过后天环境的改变,不间断地习得而获得。流动使得文化一直处于开放的状态,所以学习一直在持续(Pieterse,2015:50)。作为习得中的一种,二语习得要求学习者走出原有的语言城堡,去接触和感知他者的语言群体及其文化(Agar,1991)。语言学习同时也是文化视域的延展,了解其他文化,进而让自己的经验场变得更为多元和丰富。

与学英语相关的研究大多集中在语言学和教育学。Bolton 和 Graddol(2012)指出,与父辈和祖辈相比,当代的中国青少年成长于一个全然不同的语言世界。在英语教育方面已经知晓了相当多的信息,但英语究竟是如何影响当代中国青年的日常社会生活,我们所知的则非常少。社会心理学在二语习得领域展开了较为成熟的研究。其关注点主要集中在学习者语言学习的动机、态度、自信、学习成果和行为的归因、学习焦虑、群体认同及变化等。高一虹等(2009a,2009b,2013)对二语习得的社会心理学研究进行系统性梳理,将其分为心理学派和社会文化学派。

其中,以个体心理为研究核心的心理学派在过去半个世纪中占主导地位。该学派注重学习者稳定的心理特征。学习动机与语言性向、学习策略、学习风格、人格等一起,被视为"学习者因素"或"个体差异"因素,用来预测学习结果。具有代表性的成果包括 20 世纪 70 年代 Gardner 和 Lambert 的"工具型倾向"和"融合型倾向";80 年代 Clement、Dornyei 等人注重认知和情境的学习动机拓展理论；21 世纪 Dornyei 的"二语自我系统动机"理论①等（高一虹，2009b）。

兴起于 20 世纪 90 年代的社会文化学派借鉴社会学、教育学、心理学等多学科理论，以社会建构主义为理论取向，关注学习者在具体的社会文化情境中如何发挥主观能动性，同时关注社会文化情境特别是教育对既定社会结构的再生产或改造作用。学习者与社会情境的相互建构过程，成为关注的焦点。社会文化范式包含以加拿大语言教育学者 Bonny Norton 为代表的"后结构主义学派"和以苏联心理学家 Vygotsky、Lantolf 为代表的"新维果茨基学派"（高一虹，2009a，2009b）。

"后结构主义学派"深受世界知名符号学家米哈伊尔·巴赫金的影响。在著名的对话理论中，巴赫金（1998：195）提出，话语具有社会性。一切表述都具有对话性，即说都是对他人而发的，参与思想的交流过程。不同于结构主义将语言学习看作一整套抽象且标准的语言规则、结构、词汇和概念体系的消化和吸收，巴赫金将其视为言语主体为融入特定群体而展开的奋斗过程（Norton and Toohey，2011）。Bonny Norton（1995）在其具有深远影响力的文章"Social Identity，Investment，and Language Learning"中考察

---

① Doenyei 认为，外语学习不仅像其他学科一样属于一种交际代码，而且外语学习还与学习者的个人内核，与学习者的身份认同有关。二语自我系统动机从全人的角度（whole-person perspective），通过强调自我来说明个体语言学习动机的产生。系统包含三个部分：二语理想自我（ideal L2 self），即个体希望自己学习二语时能达到的最理想的状态，也就是学习者能流利使用第二语言的状态。二语理想自我是二语学习者最重要的学习动机，为了减少理想自我与现实自我之间的差异，学习者会付出极大努力；二语应该自我（ought-to L2 self），指个体为达到要求和避免负面结果的发生而应当具备的品质；二语学习经历（L2 learning experience），指与学习情境有关的动机因素，不同于前两种具有未来导向的动机因素，而是从学习者自身出发，采用自下而上的方法对影响学习者的动机环境和经验因素进行总结（史利红，张舍茹，2016）。

了五位移居加拿大的女性移民。Norton 发现她们同时具有多个社会身份，在不同的社会场景和权力关系下或创造、或回应、或拒绝使用英语进行自我表达的机遇。在文中，Norton 借鉴了 Chris Weedon 所提出的主体性（subjectivity）概念进一步阐释何为文化身份（identity）。Weedon（1997：32）将主体性视为个体文化身份的核心，将其定义为个人有意识和无意识的想法和情感，对自我的认知，对所关联的周遭世界的理解。个人正是通过语言和语言的学习建构了主体性。主体性概念的提出，突破了西方人本主义中关于个体（individual）的主导性观念。个体的人格特征不是固定的、稳定的、单一的，而是随着时空情境的变迁，时刻处于动态的变化之中，甚至相互矛盾的特质会共存于同一个体（Norton and Toohey，2011）。基于此，Norton（2013：4）将文化身份定义为：个人以何种方式理解其与世界的关联，这样的关联是如何跨越时空建构的，个人如何设想对于未来的可能性。

在动态变化的情境中理解语言学习和文化身份也将其和另一个重要概念 —— "投资"（investment）结合在了一起。在此之前，二语习得多使用具有心理学倾向的概念 —— "动机"（motivation）。20 世纪 70 年代，加拿大学者 Gardner 和 Lambert（1972）将第二语言习得的动机分为"工具型动机"（instrumental）和"融合型动机"（integrative）两个类别。"工具型动机"通常是指对所学语言实际价值和优势的追求，即出于工作、考试、个人发展等功利目的的选择学习一门语言。"融合型动机"指学习一门语言是出于对目的语文化的认同和喜爱。Norton（1995）认为，动机并不能充分诠释出语言学习过程中所涉及的权力、认同等问题。她借鉴了法国社会学家布尔迪厄所提出的概念资本，将语言作为一种文化资本，提出了"投资"这一概念。Norton 将投资定义为："学习者对一门第二语言进行投资,那是因为他们知晓自己将会获得更广范围的象征性资源和物质性资源,继而增加他们所持有的文化资源的价值。学习者期待投资会带来好的收益,使他们享有原本难以获得的资源。此外,借鉴 John U. Ogbu (1978)的观点,我认为在二语学习上的付出,应被视为与这种投资的回报相匹配。"Norton 进一步指出,动机与投资的区别在于,动机更多所涉及的是语言学习者相对稳定的个人特质。但投资试图传递的是学习者与社会变化之间的关联性。学习者的个人身份是多元的,怀揣着各种情感、诉求和渴望。当他们与目的语使用者表达交流时,他们不仅在交换信息,同时也在不断地组织并重新建构自我以及自我和世界的关联。Kramsch(2013：195)认为 Norton 所提出的投资概念具有经济内涵和高度的动态性,强调了人们在处理手头事务、累积经济资本和象征资本、从事具有一定风险的任务但努力坚持等过程中,个体能动性和个人身份所起到的作用。投资概念的提出,使得学习者不再被简单地区分为"具备学习动机"和"不具备学习动机",或"内向"和"外向"。同一位学习者身上可能会体现出由社会所建构的、多元且彼此矛盾的想法和态度,并随着时空的变迁而产生变化(Norton，2013：1—8)。

"新维果茨基学派"以苏联心理学家维果茨基为研究基点。维果茨基指出,认知能力不是天生的,而是社会建构的。语言不是任意性的,而是历史和文化的产物,是人类认知和社会关系发展的最重要的象征性工具。之后以 Lantolf 等为代表的学者,试图将巴赫金的"对话性"、Peirce 的符号理论、米德的符号互动论等多种理论融合,突出语言符号在个人认知和自我发展与社会文化环境之间的中介作用。强调二语学习过程是一个符号生产、交流和阐释的过程,一个在建构他者的同时建构自我的过程(高一虹、周燕,

2009a)。

两大学派在长期的批评和借鉴的对话中,也形成了一定的交叠。最主要体现在对学习者整体"人"的关注以及对于语言学习过程多元性、动态性的重视(高一虹、周燕,2009a)。尤其是社会文化学派,更为强调个体的能动性。强调个体能够自我反思寻求机遇,根据具体的场景和需求发挥创造性,进而实现自我目标(Norton and Toohey,2001)。这一观点对于从传播学角度分析学习具有重要的借鉴意义。

四、传播学视域下的学英语

1. "学"—— 传递观与仪式观的同构

跨文化传播学奠基人爱德华·霍尔(2010:30—74)在《无声的语言》中,将学习(learning)、连同互动(interaction)、组合(association)、生存(subsistence)、两性(bisexuality)、领地(欲)(territoriality)、时间(temporality)、游戏(play)、防卫(defense)、开发(exploitation)这十类人类活动共同归属于基本讯息系统(Primary Message Systems)。这其中,互动是文化领域的核心,寓于文化万象的枢纽中。人与人的互动是群体生活的一种功能(组合),时间和空间是互动发生的两个维度。学习、传授、游戏和防卫各自表示专门的互动形式。根据爱德华·霍尔的理论,文化在显形的、隐形的和技术性的三个不同的层次运行并体现着互动的意义。同样,学习也体现出文化的运行逻辑,包含显形的学习、隐形的学习和技术性的学习。其中,显形的学习活动是通过规戒来传授的,是一个双向的过程。学习者尝试、犯错误,然后被纠正。隐形学习的主要中介是一种供模仿的模式,多半是挑选模仿对象的学习。在多数情况下,当事人并没有察觉到自己正在学习,也不知道有模式或规则会对他们的学习进行管束。技术性学习接近于单行道，通常是老师向学生传授，语言明快，分析清晰，讲解透彻，有口头传授和书面传授两种形式。在现实生活的任何学习情景中，三种学习呈现并存的状态。文化史家把文化传播的历史约分为三个不同的阶段：口传文化阶段、印刷文化阶段和电子文化阶段。显形的学习更多具有口传文化的传播特性：面对面在场的双向互动交流形式，传统的权威得以维持。技术性学习更多涉及口传文化和印刷文化。其中，印刷文化的出现，在跨越时空限制的同时，已经使读者和作者不在同一时空里，也动摇了传统的权威（周宪、许钧，2005：1—3）。而当前，以计算机和互联网为核心的数字化生存渗透社会文化生活（杨国斌，2018），推动隐形学习的比重逐步上升。在对中国大学生英语学习动机和自我认同发展进行跟踪研究时发现，英语学习已不限于"系统且严格的课程设置和课堂教学"。依凭个人兴趣从网络下载外国影视剧观看、玩跨国电脑游戏、下载收听并模仿英文歌曲等，均成为英语学习的重要部分，对当代年轻人也有巨大的吸引力。这些非正式学习情境易于接触并且非常丰富，对年轻人有巨大的吸引力（扬·布鲁马特、高一虹、沙克·科霍恩，2011；高一虹等，2013）。学习充分地渗透日常生活，成了"一种不假思索的行为习惯"。同时，学习原本的时空疆界被打破，呈现出不可避免的零散化和碎片化。尼古拉斯·卡尔（2015：4—6）在著作《浅薄：你是互联网的奴隶还是主宰者》中有这么一段描述："无论上网还是不上网，我现在获取信息的方式都与互联网传播信息的方式一样，即通过快速移动的粒子流来传播或接收信息。以前，我戴着潜水呼吸器，在文字的海洋中缓缓前进。现在，我就像一个水上摩托骑手，贴着水面呼啸而过。"虽然他将这称为"阅读中遇到的烦恼"，但这同时也可以描述移动互联时代下个体深度卷入的学习形式:海量信息的迅速获得、强大有效的检索和过滤工具,跟志趣相投的受众分享观点等。人们业已形成习惯的媒介阅读已俨然成为一种学习形式,甚至开始成为一种主导的生活方式。

媒介在无形之中提供了可供效仿和追随的学习对象。Martins(2013)在分析媒介和情感的关系时发现,媒介呈现出多样且繁复的情感表征,而年轻的受众在看电视剧、使用社交媒体等过程中会接触到大量的社会互动、学习媒介中所刻画和描绘的情感状态。Lewis 和 Martin(2010)在分析亚太地区出现的日益增多的生活类电视节目(涉及烹饪、化妆、养生、家居设计等)时指出,在纷繁复杂的内容背后,这类节目在一定程度上起到了教引的作用。它们为观众呈现了日常的生活技能、流行的消费产品和服务,潜移默化地教授和引导他们塑造并优化个人生活。收看这一类节目的过程同时也是对现代性的学习过程(learning modernity)。伍宁(2015)针对中国博客界出现的"美女博主"(达人)进行了分析,并将其称为"美容与时尚的教习者"。达人们帮助读者了解并提供了整套生活方式以供效仿。通过不同的形式,达人们展示美与时尚,其关注者对之进行学习。博客的阅读者们同时也被同化为潜在的外表需要改造的顾客,根据最适合自己的身体、外貌、皮肤类型以及自身的经济状况作出各自的决定,对自我进行改造。

Prinsloo(2013)曾就媒介和个体(主要是儿童)对于社会生活学习感知之间的关系进行了文献的梳理,并指出通常有两种研究路径。一种是效果研究,通常从三个方面考察媒介对受众价值观念、行为方式等方面的影响:个体接触特定媒介所花费的时间,所接触的媒介表征的多样性程度,以及节目及其表征所呈现出的倾向性。另一种是文化研究中的诠释路径。这其中,人本主义研究认为受众是积极主动而非被动的媒介讯息接收者,并具备理性的分析能力。而批判性文化研究更加强调媒介文本生产消费背后的历史语境和不平等的权力关系,受众成了动态文化链上重要的一环。在这条文化链中,媒介的生产、表征和接收与现实世界紧密关联。所谓学习,是人们在现实生活中,通过媒介接触并了解到与其现实生活息息相关的支配性话语和表征,并与之产生互动的过程。互动,更为准确地说,是意义的产制和协商。两条研究路径在很大程度上勾勒出了后现代主义对于受众特质的分析。受众接收媒介讯息,同时也发挥着能动意识和创造力,积极参与和实践日常生活中的社会互动。

受众内涵的延展和媒介参与形式的丰富使得学习兼具詹姆斯·凯瑞所提出的媒介传递观和媒介仪式观。詹姆斯·凯瑞(2005:1—48)提出,自 19 世纪传播一词进入公共话语时起,美国文化中就一直存在着两种不同的传播观念。第一种为传播的"传递观"。"传递观"源于地理和运输方面的隐喻。其内涵类似于"传授"(imparting)、"发送"(sending)、"传送"(transmitting)或"把信息传给他人"(giving information to others)。"传递观"将传播理解为一个讯息得以在空间传递和发布的过程,以达到对距离和人的控制。控制是理解"传递观"的关键,所以当以传递观的角度来审视媒介时,问题主要集中在媒介对受众所产生的影响。传播的典型情形是劝服,态度改变,行为变化,通过信息传递、影响或调节达到社会化或个体对读什么或看什么的选择。而从"仪式观"的角度定义传播,传播一词则与"分享"(sharing)、"参与"(participation)、"联合"(association)、"团体"(fellowship)及"拥有共同信仰"(the possession of a common faith)这一类词有关。传播的"仪式观"并非指讯息在空中的扩散,而是指在时间上对一个社会的维系;不是指分享信息的行为,而是共享信仰的表征。在"仪式观"中,传播的原型是一种以团体或共同的身份把人吸引到一起的神圣典礼……它并不看重布道、说教和教诲的作用,为的是强调祷告者、圣歌及典礼的重要性。所以,"仪式观"将传播定义为创造(created)、修改(modified)和转变(transformed)一个共享文化的过程。值得指出的是,这两种传播观念并不否定彼此。郭建斌(2014)将其称为"一个硬币的两面"。在人类传播活动中,"传递"与"仪式"两方面的含义是共同存在的。譬如上课可被认为是兼具两种传播观念的一种传播活动。① 凯瑞以报纸举例,传递观考量的是报纸作为一种媒介对受众所产生的影响。在仪式观看来,读报好比参加一次弥撒仪式,是一个戏剧性的行为。在仪式观下的传统新闻可追溯到 19世纪。那时陌生人聚集在酒吧、客栈里自由地谈论和辩论,出版商把这些辩论记录下来,印刷、传阅。新闻本身就是公众之间、记者和公众之间的交流;通过这种交流活动,舆论得以形成,共同体也在交流的过程中得到了强化。在这种戏剧性行为中,读者作为戏剧演出的旁观者加入了这一权力纷争的世界(詹姆斯·凯瑞,2005;陈力丹,2008)。在著作《家居营造:上海都市中产的自我表达实践》中,於红梅(2015)将家的建构和营造从传播学的视角将其作为一个文本建构和解读 —— 即表意(signification)—— 的过

---

① 郭建斌指出,上课也是一种传播活动。在这一传播活动中,如果从传递观的视角来理解,即老师和学生之间的知识的传递和习得。但这并非课堂这样一种传播活动的全部。有些学生在课堂上并未听老师讲课,他/她或许是因为担心老师点名,不得不上课。他/她们完全不在乎老师讲什么。但是,如果我们对课堂这样的传播活动进行分析,我们不得不考虑到基本上没有和教师形成一种传授关系的学生。即便是那些十分认真的学生,在听课的过程中也会开小差。若从仪式观的角度来看,他/她们的存在,是一种象征性的,具有"在场"的意义。对于那些在课堂上没有听教师讲课的学生,他/她们,如同柯林斯所说的,或许是"疏离的内向者",他/她或许也在做着其他的"仪式互动"。

程来看待。营造家的过程，是自我与各种"他者"产生"对话的想象"的过程。同时，人们依据特定的想象和意义，设计并建构家居的布局，并希望通过家居布局这个文本来表达意义。家居营造同时也是在文化表演意义上象征资源的使用、自我的表达和意义建构的过程。所以，家居营造糅合了传递观和仪式观。於红梅指出，往往更为传播学者所习惯提出并试图解答的实践性问题是：人们如何更加有效地交流，并通过这样的交流形成社会化的活动，建立社会性的关系，实现社会的目标。日常生活中的活动具有传播学理论上所概括的表意的实践活动这个维度，但在很多情况下，至少到目前为止，这个维度为国内传播学研究所忽略或边缘化。如何分析日常生活的实践所具有的文化表演的维度，以及其中所牵涉的象征资源；如何想象在这些表述或表演中人们将某些想象、理念和价值转化为实践活动的过程等都值得研究者关注。

　　David Barton 和 Carmen Lee（2013）从社会实践的角度分析了学习的特性。社会实践角度下的学习强调互动和媒介作为中介性工具对于学习的型构和支持。学习意味着人们对某个社会实践活动的积极参与。人们树立了较为明确的学习目标，并以此为驱动和导向。通过学习，人们在原有知识体系的基础上不断累积并扩展意义，拓展联结。同时在过程中，人们承担不同的角色，不断地调整方式，会归入某个文化群体以获得学习上的支持，会通过阐发和谈论学习和与之相关的事物对学习行为进行反思。学习可能以一种隐形的、不被人察觉的方式进行，但却是一直持续累进的。正如詹姆斯·凯瑞（2005：20）所言，对于普通人来说，传播是一系列的日常行为：相互交谈、传达指示、享受娱乐、展开讨论、获取信息。我们所能感受到的生活品质就是由这些活动以及它们在社会中如何进行所组成。而这些同时也契合学习的多元相面。

2."学英语"——作为知识的话语

结合目前中国传播学的现状与时代精神,刘海龙(2014)提出重新思考传播概念的三个维度:关系、知识与权力。其中,知识是从建构主义和批判的视角,所探讨的是由社会建构起来的关于世界的叙事。知识既不是纯粹客观,也不是纯粹主观的存在,它介于信仰和事实之间。我们对于世界的想象基于我们关于世界的知识,然而这种知识并不为个体所独享。经由传播,个体的知识在复杂的社会机制中成为群体的常识(刘海龙,2015:72)。学英语是获取知识的过程。这里的知识包括但不限于来自课堂、教材、教辅参考书中所列举的理论化且系统性的英语词汇、句型或语法规则等学科知识。知识传递和发布的场所也不局限于课堂或学校。学英语所学的既有来自学校课本的知识,更重要的是从多元的传播渠道所获得的日常知识。

知识,在法国哲学家福柯看来,往往与话语和权力关联紧密。话语是一个复杂的概念,没有一个简单明确的定义可以概括。这在很大程度上是因为存在着如此之多的相互冲突和重叠的定义,它们来自各种理论的和学科的立场(托伊恩·A.梵·迪克,2003:2)。话语(discourse)源自拉丁语的 discursus,其动词 discurrere 意思是"夸夸其谈"。一个话语是一种言说,或具有(不确定的)一定长度的一次谈话,其展开或自发的展开并不受到过分严格的意图的阻碍。展开一个话语与召开一次会议并不是一回事。在法语的语境中,"话语"非常接近于"聊天"、"闲聊"、"自由交谈"、"即席谈话"、"陈述"、"叙述"、"高谈阔论"、"语言"或"言语"(曼弗雷德·弗兰克,2001:84)。

福柯赋予了话语和话语研究全新的意义。以福柯为代表的后结构主义者发展出一种截然不同的话语观,其话语分析的目的就是凸显话语的产生与运作过程中存在的意识形态、阶级、性别以及政治、经济等深层权力关系的争斗（胡春阳，2007：3）。纵观福柯的研究历程，其间逐渐形成了考古学和谱系学两大研究方法。福柯的考古学虽然是一种思想史方法，但是和传统的方法相比却大相径庭。① 在著作《疯癫与文明》中，福柯对疯癫现象进行考古。他发现，在文艺复兴时期，疯癫"还是与天马行空的想象联系在一起"。但到了 17 世纪，随着禁闭所的出现，人们对"疯癫"的认知方式也发生了改变，他们开始"从贫困、没有工作能力、没有与群体融合的能力的社会角度"来感知疯癫。"疯癫开始被列为城市的问题"，被视为理性的反面。基于此，福柯指出，疯癫并不是一个客观的对象，而是被现代文明所建构起来的（米歇尔·福柯，2012a：27—63）。在对话语展开探讨的过程中，福柯提出概念"陈述"。福柯承认，他至少是以三种明显不同的方式使用"话语"这个核心概念。"有时用它指所有陈述的一般领域，有时用作可以个体化的一组陈述，有时则成为一种有序的包括一定数量的陈述的实践"（曼弗雷德·弗兰克，2001：97）。考古学的话语分析所考证的即是陈述之间的关系、陈述群之间的关系、陈述和陈述群与属于另一种类

① 福柯指出了思想史和考古学两者之间的四个重大区分：首先，思想史将话语作为隐藏了主题和秘密的资料和符号，它要破译这种不透明的符号而抵达话语背后的本质深度；考古学却截然相反，它描述的对象是话语，也仅仅是话语，即那种剔除了"寓意"的话语容量本身，那种纯粹构成性的话语。其次，思想史寻求过渡性和连续性，注意话语演变的时机和瞬间，注意它缓缓地变化的连续性；考古学致力于话语的特殊性和差异性。再次，思想史试图寻求话语的社会原因和心理原因，试图将作品的理由和一致性原则归于作者个人；而考古学反对将作品作为分割话语的单元，也明确地抛弃了创作主体决定论，对考古学而言，话语实践是自主性的，它们自有其类型和规则。最后，思想史信奉还原性原则，试图寻求话语的起源，还原话语被说出时的各种心理情境、各种核心性的背景要素。考古学不愿通过说出的东西去复原，去寻找说出话语的瞬间渊源，它"不是向起源的秘密深处的回归"，而"是对某种话语—对象的系统描述"（汪民安，2018：124—125）。

的事件之间的关系,比如与技术、经济、社会、文化的关系。陈述与陈述之间、陈述与其他非话语程序之间的规则,共同限定了特殊的话语构型(陈永国,2017:227)。之后,福柯的研究方法从对理论和知识的考古学研究走向对社会制度和话语实践的谱系学。谱系学与考古学神韵一致,也是对知识的可能性条件进行研究。但考古学仅将自己的考察对象局限在话语本身,谱系学则将话语与知识和权力的运作联系起来,不仅仅指出主体和人的概念是现代知识型的话语机制的制造物,还进一步指出其中的权力机制(胡春阳,2007:135—167)。"权力和知识是直接相互连带的;不相应地建构一种知识领域就不可能有权力关系,不同时预设和建构权力关系就不会有任何知识"(米歇尔·福柯,2003:29)。

作为批判话语分析的代表人物,诺曼·费尔克拉夫(2003:1,60—61)将话语界定为对主题或者目标的谈论方式,包括口语、文字以及其他的表述方式。话语根源于人们的生活方式和文化习惯,但同时也影响着人们的生活方式和文化习惯。费尔克拉夫指出,话语建构有三个方面的效果:话语有助于社会身份、社会主体、自我等建构;话语有助于人与人之间社会关系的建构;话语有助于知识和信仰体系的建构。这三个效果分别对应于语言的三个功能和三种意义维度:身份功能(关涉社会身份得以在话语中确立的方式),关系功能(关涉话语参与者之间的社会关系如何被指定和协商)和观念功能(关涉文本说明这个世界及其过程、实体和关系的途径)。但费尔克拉夫同时强调,应避免过分强调话语对社会具有决定力量以及社会是在话语中的建构。社会的话语建构并不是来自人们头脑中的思想的自由飞舞,而是来自社会实践,后者牢牢地根植于并定向于真实的物质的社会结构。所以话语与社会结构之间是辩证的关系。谢立中(2010)指出,话语分析的目的是更好地理解现实生活中人们说话的原意。以往的话语分析论者基本上是一元论的，认为话语分析只能有一个最符合或最接近原意、本意的分析结果，这样的话语分析在某种程度上讲，是现代主义的。他提出将后现代主义中的多元主义与话语分析结合起来，形成一种新的话语分析模式：多元话语分析。多元话语分析的基本理念既是话语建构论的，又是多元主义的。多元话语分析的基本理念试图否认话语存在着某种唯一的原意或者本意。面对一个话语文本可能形成多种不同的分析结果，处于不同话语体系下的人可以对同一"对象"做出完全不同的话语建构。与此同时，传统的话语分析几乎都是以文本为基础的。而随着媒体的演进，传统的主要通过语言表达意义的做法已逐渐被多种媒介共存的复合话语取代。多媒体化体现社会实践的常态，而多模态化也成为当今社会文化系统的固有特性。基于此，肖珺（2017）提出应采用多模态话语。多模态话语建立在语言学基础上，把文字语言与图像、声音等非语言符号结合起来，从整体的角度来分析各类符号所组成的表意系统和话语意义，以更好地解释人类传播中交际和互动的话语分析方法。文字语言与各类非文字符号组成的多模态话语包括但不限于文字、图像、声音、视频、动画、图表和色彩等，包含视觉、听觉、触觉等几大感官模态。

五、分析框架

基于文献的探讨，本研究将"学英语"看作由不同历史时代和不同社会主体的话语体系构建，是跨时代、多维度的话语集合体。话语的内容包含学抑或不学英语；学英语的意义；如何展开英语学习等多个方面。

法国哲学家米歇尔·福柯（2016：108，114）曾明确提出：他

"研究的总的主题,不是权力,而是主体"。他同时指出,"正是权力形式,使得个体成为主体"。作为其理论体系中的核心概念,福柯对权力展开了更为纵深的解读。他认为传统的权力观"以法律陈述和禁令运作为核心",习惯针对对象进行排斥、拒绝并设置障碍,或使其陷入不存在的状态。这种权力,亦是一种固执的法规。权力一开口,便成法规,它让它的对象依法行事。权力通过语言,在创造法则的同时,也控制了对象(汪民安,2017:442—443)。但这只描述了权力体系中的一个维度,忽略了权力体系中更精微、更具有渗透力和创造性的部分。在福柯看来,权力是无处不在的。权力存在于多元的社会关系之中,"人这一主体在被置入生产关系和表意关系的同时,他也会同样地置入非常复杂的权力关系中"。同时,权力具有积极的"生产性(productive)",而非否定性的;是有如"毛细血管状"一般在日常的社会实践中作用于社会机体的每一末端(南希·弗雷泽,2001:122—123)。这也意味着权力的形态弥漫且流动,隐蔽且微妙,而这样的权力如何在细微处运行,对人们的生活实践产生影响,以怎样的方式建构主体,建构了怎样的主体,成了更为重要的问题。在福柯看来,现代社会权力运作的方式是通过一种行为引导和可能性的操纵。通过"刺激、煽动、引诱"等非强制性策略,行为主体产生符合预期的行为。三种关系类型:权力关系、交往关系和客观能力彼此重叠,相互支撑,合力施展权力。其中,交往关系"通过语言、记号系统或者其他的符号媒介来传递信息"。通过意义要素的流通和生产,作用于某个人或某群人,并对其信息域进行修正,继而产生权力效应。权力关系要施展,则"极度地借用符号的交换和生产"。通过交往、相互性和意义的生产,权力关系作用于人的行为,作用于可能的或实际的、未来的或现在的行为(米歇尔·福柯,2016)。

　　"主体"具有双重意义：凭借控制和依赖而屈从于他人，通过良心和自我认知而束缚于他自身的认同。这两个方面都表明权力形式的征服性。征服性可以理解为权力的施展。作为一种行为方式，权力的施展可作用于一个或多个行为主体的行为和行为能力。权力从根本上说，不是两个对手的对峙或交锋，而是治理问题。依据福柯对主体的定义，治理也从两个方面形塑主体："凭借控制和依赖而屈从于他人"和"通过良心和自我认知而束缚于他自身的认同"。这两个方面分别对应于权力技术和自我技术（米歇尔·福柯，2016）。权力技术决定个体的行为，并使他们屈从于某种特定的目的或支配权，也就是使主体客体化。而自我技术指个体能够通过自己的力量，或者他人的帮助，进行一系列对他们自身的身体及灵魂、思想、行为、存在方式的操控，以此达成自我的转变，以求获得某种幸福、纯洁、智慧、完美或不朽的状态。每种技术都包含着针对个体的某种类型的训练及调整模式，在明显的意义上要求个体掌握某种技能，同时还暗示要他们培养某种态度。两者间并不彼此分离和孤立，而是紧密结合，互为条件。基于此，福柯将"支配他人的技术和支配自我技术的接触"称为治理术（governmentality）（米歇尔·福柯，2016）。"接触"是一个相对抽象的表述。但它同时阐明了在对主体的形塑中，两者彼此关联，互为条件，相互应用，共同纵贯于个体生活的方方面面。

　　而知识，往往与权力关联紧密。"一种权利，它不是与无知相联系的，而是相反，与保证知识之构成、投资、积累和增长的整个一系列机制联系在一起的"（米歇尔·福柯，2010：37）。通常，人们对知识的理解多是具有学科性的、系统化的专门知识。戴维·温伯格（2014）认为，这是因为媒介限制了我们对于知识的想象，甚至会让我们对知识的认知过于理想化和浪漫化。譬如，人们通常会认为知识是书的内容呈现,可以从图书馆齐整且有序的书架中感受到历史的延绵和厚重。但是,由于互联网的出现,知识离开了书架,随即投入了一张"细密杂乱的大网之中"。在这里,知识会被错误引用,被贬损,被强化,被合并,被误读,被同化。同时,因为网络没有边界,所以知识也没有形状,存在着被建构为各种样态的可能性。除了关注到新媒体对知识样态的重塑,同样不能忽略的是日常生活中所存在的大量"非正式知识"。威廉·詹姆斯(James,1986:221—222)将知识分为"掌握"的知识和"了解"的知识。"掌握"和"了解"均是一种学习行为。其中,所"了解"的这部分知识多为"大众观念和常识或日常知识",它出现在人际交往、家庭教育、社群交流等"日常话语流"之中。这些话语知识零散易逝,带有一定的主观性和情感指向,并因为频繁而具有渗透力。

所以,中国人"学英语",学习的不仅是英语词汇、句法和语用规则等,而且是围绕"学英语"所产生的一系列知识话语。这些话语通过生产、运作和散播,也同时被广大学习者所感知,渗透进学习者个体日常且细微的个人行动之中。The Douglas Fir Group(2016)从尤里·布朗芬布伦纳提出的生态系统理论(Ecological Systems Theory)获得启发,结合社会学、社会文化学、社会认知学、生态社会学等多个学科,构建了一套跨学科的语言习得和教学研究框架,该理论框架同样适用于针对第二语言习得的研究。研究提出,第二语言习得是一个复杂、多层次的持续性过程。在微观层次中,个体在多个情境下和他人互动。在互动中调动神经机制,发挥认知和情感能力,运用诸如语言学、韵律、非言语(声调、手势、表情)等多种语言符号,通过多次互动促进个体语料库的丰富和充实。这些互动绝大多数都发生在家庭、学校、社区、工作地点、社会场所、网络论坛等位于中观层次的社会机构和文化社区中。而这些机构的运作同时又受到宏观社会经济、文化和政治的影响。三个层次间并不孤立，而是处于持续的互动和变化之中，建构彼此也同时被彼此所建构，共同影响着第二语言习得。

围绕"学英语"所产生的话语中存在着多种声音和对话，这些话语彼此关联，共同维护、建构、互为注脚关于"学英语"的意义系统。为了更加清晰地诠释这一动态过程，研究分析了国家、传媒和市场分别如何诠释"学英语"。不同的媒介机制形成了具有影响力的话语场，丰富了"学英语"的内涵。而另一方面，学习者展开了切实的英语学习活动。在这一能动的过程中，既有对宏观话语的呼应和互动，同时也生产着相对细微和密集的话语流。学英语是个人和社会行动，是一种生活方式，同时也是知识话语的集合体。

第三节　研究对象与研究方法

本研究采用质性研究方法。质性研究是"以研究者本人作为研究工具，在自然情境下采用各种资料收集方法对社会现象进行整体性探究，使用归纳法分析资料和形成理论，通过与研究对象互动对其行为和意义建构获得解释性理解的一种活动"（陈向明，2004：31）。质性研究"不是空对空、思辨性的；它也不是以由理论到理论的逻辑推理来建构知识的；它是以文字叙述为材料、以归纳法为论证步骤、以建构主义为前提的研究方法"。而且"质性研究的主旨就在于发觉当事人的经验，从当事人的经验、角度来了解他/她的世界，而不是用一些社会上的或学术上的、已存在的偏见或刻板印象来了解或评判一个社会现象或一件事例。这对那些向来没有机会使他们/她们的经验被包括在知识体系内的弱势群体特别有意义,也意味着既有的知识内容会受到新的知识内容、视角的冲击"(熊秉纯,2001)。在此过程中,研究者将扮演"参与者"、"目击者"、"资料经验者和收集者"等多种角色。

一、话语分析

话语分析是一个从语言学、文学理论、人类学、符号学、社会学、心理学以及言语传播学等人文科学与社会科学中发展起来的新的交叉学科(托伊恩·A.梵·迪克,2003:18)。简单而言,话语分析是对话语进行研究和分析的一门学科(胡春阳,2007:27)。本研究将"学英语"看成由不同历史时代和不同社会主体的话语系统构建,是跨时代多维度的话语集合体。改革开放以来,在持续了四十多年的全民"英语热"中,不同话语实践主体对学英语的阐述也具有鲜明的特色。与学英语相关的话语始终处于发展变化之中。话语间彼此交互,将关于学英语的意义系统构成了一种"复调"。而研究所探讨的即是学英语这一话语网络的形成、运作和发展。过程中的动态性决定了时间维度考察的不可或缺。研究考察了与学英语相关的书籍和影视作品;报纸、杂志、专业期刊、手册等大众媒介所呈现的学英语;与学英语相关联的社会热点新闻;英语培训的广告宣传(包括传单、社交媒体推广等);线上英语学习APP及网络营销等。并着重把握过程中的热点时刻及关键节点,旨在发现话语展开背后的时代背景特征与社会现实,以便更好地诠释学英语的意义内涵变迁。

与此同时,个体本身也是展开话语研究的一个重要场所。社会生产和历史建构下的话语会被个体接收、再生产和再协调(Hartley,2011:101)。学习者在有关学英语的话语空间中经历感知、审视和炼制。同时,他们也在能动地与上述话语进行对话,进一步丰富学英语的内涵。这也意味着在话语分析的同时应对中国人学英语这一社会文化现象进行参与式观察，并对个体的英语学习者进行深度访谈。

二、参与式观察与虚拟民族志

在传播研究中，借助参与式观察、访谈及记录等方式收集资料的民族志的调研研究法正普遍为学者使用，这是从微观层面透视读者每天所经验的日常生活这一鲜活的文本。这一方法源于人类学的田野调查，要求研究者客观、保持距离地观察研究对象，但传播学者引用的过程中，渗入了讨论、沟通、交流，从静态、疏离的客观研究转为动态客观，也就是互为主题。传播民族志研究方法的根本用意是让研究者回到传播的动态现场情景之中（曹晋，2008：104—105）。本研究集中性的民族志调查从 2017 年 11 月持续至 2018 年 8 月，并且贯穿于之后的写作过程。这一过程中，研究者对所在城市的英语培训机构进行参与式观察。这其中既有形成一定规模的连锁型培训机构，也有以个人名义开办的工作室，不同的培训机构价位不同并且针对不同的年龄段。在访问过程中，我会收集宣传手册、扫描机构所提供的二维码，关注微信公众号，和前台的工作人员进行交流，了解其办学理念和办学策略等相关信息。其中，在部分幼儿英语培训机构中，会专门设立休息室。我利用这个机会和部分等待孩子下课的家长进行面对面的非正式访谈。这样的访谈不会严格按照深度访谈所预先设置好的问题框架，更多的是针对家长所呈现出的状态（如等待的同时自学英语、检查孩子的英语试卷、观看休息室中的课堂监控视频等），结合研究主旨和意图展开。有时，当发现有几名家长聚集形成讨论后，研究者会在其同意的情况下，参与他们的交流。这样的交流形式近似于"焦点小组访谈"。在言语的穿插和交错中,多角度了解他们对于自身和对于子女在学英语上的期许和投入。此外,我走访了所在城市各大书店的英语类书籍区,对书店销售的英语类书籍进行统计,并同时对驻足阅读英语书籍和购买英语读物的读者展开聊天式的、即兴的交流。有意思的是,在部分规模较大的书店的旁边,会专门有一片销售文具、电子产品,或是开办英语培训机构的区域。而英语培训机构有时也会安排 1—2 名销售人员在英语类书籍区域进行市场宣传,向往来的读者询问英语学习情况并作推销。有时我会以一名旁观者的身份聆听他们的对话,有时我也成了他们的推销对象,邀请我参观机构并进行面对面的口头宣传。参与式观察中的随机访谈多产生于与英语学习相关联的社会空间,具有较强的情境性和随机性,不能够也不需要录音,甚至不能当面记录,所以我会在访谈完成后的当天,将其及时回忆和记录(於红梅,2015:69)。除此之外,我在南京一所高中的校园开放日中旁听了英语课程;在几位访谈者的带领下参与了几个英语培训机构的试听课程;参加了某英语培训机构在酒店举办的教育庆典。

随着物理与虚拟的世界在当前更为紧密地交融在一起,曾几何时,有关地理空间的研究与实践被认为是普通人望而却步的高深学问,但在今天,这样的地理实践早已成了日常生活中频繁发生的数码实践,被视为消费科技与本土视觉形式(丹尼尔·米勒、希瑟·霍斯特,2014:109—110)。虚拟民族志是使用不同的数据收集工具,在虚拟、在线的环境中构建民族志的过程。相较于传统的民族志,虚拟民族志的田野不但是线上的多点勾连,也呈现为线上和线下的不断切换和转场。所以面对界限不再清晰的虚拟民族志,研究者的研究更像是一段未知的旅程。在流动的信息空间展开田野调查时,研究者仅面对浩渺的超文本链接所做出的不同的选择,都会对研究路径和研究结果产生影响(McLelland,2002)。研究网络文化就像学习一门新的语言。浸染(immersion)是最重要的语言,是对网络空间在一定时期内每个发展阶段的"鲜活记录"(living record)(杨国斌,2013:21—22)。

本研究的虚拟民族志调查分为两个部分。一方面,我在网络上持续性收集并整理与学英语相关的社会现象以及相关的网民评论。另一方面,经由微信朋友圈的观察和多位访谈者的推荐,我报名了几个相对热门的在线英语付费课程(具体内容见第六章),并加入课程所设置的线上学习社群。线上社群均以微信作为资讯流动和实践活动开展的载体。每个课程线上学习社群人数各异,学习时长与学习内容也不尽相同。在参与课程的过程中,我一方面完成课程所要求的英语学习任务,另一方面以走查法(walkthrough method)关注线上课程的目标愿景、界面设计、运作机制等(Light,Burgess and Duguay,2016),同时以历时性视角对其中展开的信息文本和情感符号进行观察、收集和记录,其中包括线上社群中出现的文字、图片、视频、网页等。虚拟民族志要求研究者不仅是一名观察者,同时也是一名参与者。主动参与也是资料搜集的一部分。所以在观察的同时,我也参与了社群日常组织的学习活动和话题讨论,回答其他学员提出的英语学习问题,呼应老师或群管理员提出的要求等。同时通过观察和统计,基本了解了每个学习社群中的领导者、积极活跃学员、"潜水"型学员等。并与其中的部分学员通过微信进行了非正式在线访谈。这样的访谈通常即兴且短暂,学员可以在相对自在轻松的状态下,通过语音、文字或表情包和我交流在线学习的感受。访谈虽然内容简洁,但可以对在线观察进行补充。

三、深度访谈

所谓深度访谈有两个最重要的特征。第一,它的问题是事先部分准备的(半结构的),要通过访谈员进行大量改进或改进其中的大部分,即作为整体的访谈是你和你的参与者的共同产物。第二个特征是要深入事实内部。从意义的角度来看待"深度访谈"的实质,它是对参与者在访谈时赋予自己的话语的意义以及参与者赋予访谈场景(包括参与者当时的衣着、神情、行动和居家环境)的意义的探究(杨善华、孙飞宇,2005)。

本研究深度访谈对象总共为 42 人,年龄普遍在 20—55 岁之间,从事不同的职业①(访谈者具体信息参照附录)。其中两名访谈者与自己的孩子共同参与了访谈(两名孩子分别为 8 岁和 10 岁)。在访谈对象的寻找过程中,采用了"滚雪球"的方式,尽量扩大访谈者在年龄、职业以及背景经历等方面的差异。我首先联系了个人社交圈(新浪微博和微信朋友圈)中的十几位朋友。这十几位朋友的共同特点在于,经历并完成了从小学到大学较为系统的英语学习(其中两位访谈者是英语专业本科生,四位访谈者是英语专业研究生)。他们之中有的人在当前的工作和生活中有使用英语的需要,有的人日常使用英语的概率相对较小,但仍继续坚持英语学习。访谈者均展现出在英语学习方面较为显著的个人特点,如:表达了要学习英语的决心并展示相关学习计划、在社交网站"打卡"英语学习、发布在英语培训机构学习的照片、喜欢使用英语发微博或者微信朋友圈、对子女的英语学习有相对周密的规划等。

---

① 为保护访谈对象的隐私,访谈对象均为化名。网络社群中被提及的网络用户也使用化名,不使用网名。

在参与深度访谈的同时,有的访谈者也向我推荐了身边所熟知的1—3位较为有特点的英语学习者。这些英语学习者虽然并不都经历了系统且长期的英语学习,但英语学习在个人生活中具有较为重要的意义:这其中有的人接受了中学英语教育后就离家打工,现在正在攒钱准备重新学习英语;有的曾受影视明星委托进行了两个月的英语辅导;此外,有的人一直表达想要学习英语的诉求但始终未能坚持等。为了寻求访谈者,在研究初期我走访了小区和校园周围的蛋糕店、服饰店、有机食品店、理发店、火锅店、花店等。一定的熟悉度也使我可以相对自然且直接地询问他们是否有在学习英语,如果有的话是否方便以访谈的形式做一个交流。这种询问也带给我不少意外的收获。有的人正在学习英语,并给我展示了手机上下载的英语学习软件或购买的英语书籍,以较高的热忱接受了访谈。有的人很早离开家乡出来打工,基本没有接触过英语或者只有几年在校的英语学习经历,"别和我提英语啊,以前上学最头大的就是英语";"我们店都没人学英语,根本用不着啊";"我想学啊,可哪有时间学啊"。校园附近的一家蛋糕店,因为平日会接待很多外国顾客,我原本认为店里工作人员的日常沟通需要大量使用英语,但是店员告诉我:"我们又不用学英语喽,英语都很少说。人家外国人来都主动要跟我们说中文,就想和我们练习中文。"需要说明的是,本研究中所展开的民族志调查以及深度访谈,并不能作为"群体"的"样本"来对待。但如同绝大多数质化的文化社会学研究,书中的分析单位是个人在特定场景下展开的具有特定可解读意义的一个行动或言说单元。分析的目标不是解释各分析单元之间的差异,而是挖掘它们之间共享的意义和主题(於红梅,2015:74—75)。通过这些观察和访谈,我进一步深入理解了中国人学英语的丰富和多元：学与不学，想学与不想学，勤奋学与"半吊子"学，坚持学与放弃学等，而这也构筑了中国人学英语的社会文化群像。

本研究采用半结构式深度访谈。在访谈过程中有一个预先准备好的访问提纲。在具体访谈过程中，会依据访谈对象的谈话内容和现场反应进行相应的调整和侧重。访谈纲要主要围绕个人的生命历程、英语学习历程、英语使用历程。在此基础上访谈者会依据个人情况，谈论在线英语学习的经历、子女的英语学习，或作为英语教育相关从业者的个人认知和体悟等。此外，除了讲述个人英语学习的体验和心得，在访谈的过程中甚至在访谈结束后，访谈者会将个人印象深刻的、所购买的相关书籍、过往日记或网络中所记录的学习观察和体悟、所参与的社群讨论等以文字表达、语音描述、内容转发、信息截图等形式和我进行分享。这些分享虽然相对碎片化，但它有效地补充并进一步丰富了访谈内容。访谈依据访谈者方便的时间和地点，通常在工作日的午间休息或下班时间，在访谈者办公地点附近的咖啡店进行。部分访谈者因为周末去英语培训机构学习或接送自己的孩子去培训机构学习，所以部分访谈的地点会安排在培训机构的公共休息室。也有部分访谈者因为时间安排等其他原因，采用网络视频形式进行面对面的在线访谈。通常单次访谈时间在 1—3 个小时之间，在对访谈内容进行整理后以及后续的写作过程中，研究者对部分访谈者进行了一到两次不等的补充性访谈。

第二章 国家话语中学英语的宏观导向

素质教育包含教育的双重目的，一方面是学知识，学技能；另一方面是通过本学科学习来提高学生的人文素质。比如说数学不只是会加减乘除，而是要学会应用来为人类服务。尤其是语言学科，更是要贯彻这个思想。所以我们把这个思想包含在课程标准里。打开课标，第二页就写了外语学习的双重属性。一方面是工具性，更重要的，是通过外语学习，培养学生正确的人生观、价值观。打个比方，对小孩子来说，素质就是培养他讲礼貌，对人友好，友善。我编了那么多教材，我要求不论用哪套教材，首先应当学会三句话："Thank you"、"Sorry"、"Excuse me"。而且要会应用，这就是孩子素质的一种表现。

——摘自文章《抵制英语教学的功利主义——专访教育部〈国家英语课程标准〉专家组组长、北京外国语大学教授陈琳》，《三联生活周刊》2013 年第 44 期

古今之成大事业、大学问者，必经过三种之境界："昨夜西风凋碧树。独上高楼，望尽天涯路"，此第一境也。"衣带渐宽

终不悔,为伊消得人憔悴",此第二境也。"众里寻他千百度,蓦然回首,那人却在,灯火阑珊处",此第三境也……我们既已登高望远,看到了学习英语的重要性和它的诱人前景,就要有"衣带渐宽终不悔"的决心,经过种种寻觅和探索,相信最终会柳暗花明,到达那万众向往的香格里拉。

——摘自《同一个世界 英语600句》
北京市民讲外语活动组委会办公室组编

　　教育是语言传播的重要途径。教育的发展对于一个国家的社会进步、国际竞争力提升均具有战略性意义。所以在教育方针政策制定、资源配置、教育质量把控、教育创新推动等多个方面,国家起到了主导性的推动作用。在英语教育领域亦是如此。

　　作为当今世界历史上的国际社交语言,绝大部分国家在接受英语教育方面都有自己特定的历史根源与现实导向。中国接受英语教育的历史相对比较早,且起初相对被动。第二次鸦片战争以后,由于清政府在外交事务中对英语的迫切需要,培养通晓外国语文的人才成为必需。1862年6月11日(同治元年五月十五日),京师同文馆在北京正式建立。这是我国第一个英语教学机构,它标志着中国英语教育的开始和中国官方推行外语教学的开端(王辉,2015:21—22)。

　　1964年10月制定的《外语教育七年规划纲要》,提出了发展外语教育的四条方针:专业外语教育与共同外语教育并重;学校外语教育和业余外语教育并举;在学校教育中确定英语为第一外语,大力调整高等学校和中等学校开设外语课的语种比例;在大力发展数量、调整语种比例的同时,要特别注意保证质量(付克,1986:77—78)。这是首次明确英语在学校教育中"第一外语"的地位(谢来、陈娟,2013)。但随之而来的"文化大革命"使得《外语教育七年规划纲要》被迫中断执行,蓬勃发展起来的外语教育遭到了严重的破坏(四川外国语学院高等教育研究所编,1993:92—123)。直到1977年恢复高考,中国重新回到世界舞台,对外交流大门被打开,英语才迎来了在中国的"黄金时期"(谢来、陈娟,2013)。1978年改革开放至今,也是英语作为一个语言工具,或者一种文化载体,真正融入中国社会的时期(文涛、宋涛,2014)。多元的社会文化因素影响着国家层面关于英语、英语学习的地位界定、路线规划和方向制定,而从国家的话语变迁中也可反观出时代的流转与迁移。基于此,研究将改革开放作为起始点,对国家围绕学英语开展的主要活动、产生的主要话语进行历时性梳理。

第一节　改革开放以来学英语的国家话语变迁

一、学英语的重启和热潮的酝酿(1978—1985)

1976年10月粉碎"四人帮"的胜利结束了"文化大革命",从危难中挽救了党,挽救了革命,使我们的国家进入了新的历史发展时期(付克,1986:86)。我国的英语教育也开始进入新的发展阶段。1978年8月28日至9月10日,教育部召开了全国外语教育座谈会。这次会议是"文革"以后第一次全面研究和规划外语教育的会议。会议确定今后一个时期发展外语教育的方针:千方百计提高外语教育质量,切实抓好中小学教育这个基础,在办好高等学校专业外语教育和公共外语教育的同时,大力开展多种形式的业余外语教育。会议还提出:要集中精力办好一批重点外语院系,使之成为培养水平较高的外语人才的基地。必须采取有力的应急措施,使外语教育跟上整个国家发展的需要。主要措施是:大力抓好外语师资队伍的培养和提高;选编出版一批相对稳定的大、中、小学外语教材;加强外语教学法和语言科学的研究;尽快把外语电化教学搞上去(四川外国语学院高等教育研究所编,1993:134—137)。

1977 年,中国恢复高考。1978 年 6 月,国务院批转教育部《关于 1978 年高等学校和中等专业学校招生工作的意见》。《意见》提出:自本年起,招生实行全国统一命题,由省、市、自治区组织考试、评卷。考试分文、理两科进行。两科都考外语,但暂不计入总分,作为录取时参考。之后,外语成绩在高考的比例逐年提高。1980年、1981 年、1982 年分别按 30％、50％、70％计入总分,1983 年起按 100％计入总分(四川外国语学院高等教育研究所编,1993:176)。英语正式列入高考科目。英语的重要性也在高考逐年递增的比例中得以显现。

除了高考,推动英语社会影响力的另一重要举措是出国留学政策的推行。1978 年 6 月 23 日,邓小平提出要成千成万派遣留学生的意见,教育部在 18 天后的 1978 年 7 月 11 日,即向中共中央和国务院呈报了《关于加大选派留学生数量的报告》,制定了与"扩大派遣"意见相一致的一系列政策原则(苗丹国,2010:171)。选派留学生的考试选拔标准是:业务素质好,身体好,外语好。和之前的工农兵学员留学生不同的是,这次的选拔"空前强调"的是外语水平,而政审这一关,却几乎没有要求(新京报社,2008:37)。自费出国留学方面,1981 年 1 月,国务院批转教育部等七个部门联合提交的《关于自费出国留学的请示》及联合印发的《关于自费出国留学的暂行规定》。首次以国务院的名义确定了"自费出国留学是培养人才的一条渠道;自费留学人员是我国留学人员的组成部分;对自费留学人员和公费留学人员在政治上应一视同仁"的政策原则。同年,教育部考试中心中国国外考试协调处(后更名为海外考试处)与美国教育考试服务处达成协议并签署《会谈纪要》,规定双方合作自 1981 年 12 月开始在中国大陆举行英语托福考试(TOEFL)和美国研究生入学考试(GRE)(苗丹国,2010:857—858)。1981 年 12 月 11 日,中国大陆第一次托福考试在北京、上海和广州三地同时开考,1981 年报考托福的考生人数是 285 人。1985 年,国家取消了"自费出国留学资格审核"。1985 年托福报考人数达到 8000 人,1986 年上涨至 18000 人。随着留学人数迅速增加,"出国热"在全国范围迅速升温,国内学英语的热潮开始逐步积蓄。

1978 年 9 月 17 日的《光明日报》上,刊登了翻译家裘克安的文章《学外语要破除畏难情绪》。裘克安指出,社会上有了"学外语有用"的空气,教、学外语的劲头才会真正鼓起来,并且持续下去。对于外语教育而言,1978 年至 1985 年是一个重要的转折阶段。"严重的封闭状态"被打破,英语的重要性被再次明确,英语教育也重新走向正轨。

二、学英语的深化和热潮的蔓延(1986—2000)

1986 年至 2000 年,教育部依据不同时期教育形势的变化,先后制定了七部有关中学英语教育的大纲①。在 1986 年教育部所

---

① 七部大纲包括 1986 年《全日制中学英语教学大纲》;1988 年《九年制义务教育全日制初级中学英语教学大纲(初审稿)》;1990 年《全日制中学英语教学大纲(修订本)》;1993 年《全日制高级中学英语教学大纲(初审稿)》;1996 年《全日制普通高级中学英语教学大纲(供试验用)》;2000 年《九年制义务教育全日制初级中学英语教学大纲(试用修订版)》和《全日制普通高级中学英语教学大纲(试用修订版)》。

颁布的《全日制中学英语教学大纲》中，强调了英语的工具性特征：“外国语是学习文化科学知识、获取世界各方面的信息、进行国际交往的重要工具。”（课程教材研究所，2001：162）在2000年制定的《九年制义务教育全日制初级中学英语教学大纲（试用修订版）》和《全日制普通高级中学英语教学大纲（试用修订版）》中，在肯定了英语工具性的基础之上，分别进一步指出学习和掌握一门外语是“21世纪公民的基本要求之一”，“21世纪国民素质的基本要求”。① 学英语与培养学生“形成健全的人格”，“可持续发展”结合在一起。英语在社会中的角色定位在这期间经历了从工具向公民素质的转变。②

　　大学阶段英语教育的意义定位和能力要求也经历了类似的话语变迁。1986年，《大学英语教学大纲》中将培养阅读能力作为第

---

　　① 2000年颁布的《九年制义务教育全日制初级中学英语教学大纲（试用修订版）》在前言中指出：当今世界，以信息技术为主要标志的科技进步日新月异。社会生活的信息化和经济活动的全球化使外语，特别是英语，日益成为我国对外开放和与各国交往的重要工具。学习和掌握一门外语是对21世纪公民的基本要求之一。2000年颁布的《全日制普通高级中学英语教学大纲（试验修订版）》在前言中指出：随着社会生活的信息化和经济活动的全球化，我国对外开放的进程日益加快。学习和掌握一门外语，开展对外交流是对21世纪国民素质的基本要求。外国语是学习文化科学知识、获取世界各方面信息和进行国际交往的重要工具。通过学习他国的语言，加深对他国文化的认识和理解，学会尊重他国的语言和文化，进而更好地认识并热爱本民族的语言和文化，培养和提高学生的人文素质。

　　② 在改革开放初期，国家将英语定位为推进国家发展的重要工具。1978年1月教育部所颁发的《全日制十年制中小学英语教学大纲（试行草案）》中指出，“英语是世界上使用范围非常广泛的语言。在国际阶级斗争、经济贸易联系、文化技术交流和友好往来中，英语是一个重要的工具”（课程教材研究所编，2001：120）。在1982年教育部发布的《关于加强中学外语教育的意见》中，将中学作为学习外语的重要阶段，并提出中学外语作为一门重要的工具课，是整个外语教育的基础，并指出“加强外语教育是发展我国同世界各国交往的迫切需要，是培养社会主义现代化建设人才和提高我国文化科学技术水平的迫切需要，具有重要的战略意义”。

一位。这与当时国家总体开放度不高、跟国际直接交流较少，以及毕业生主要依靠文献资料来了解国外科技经济发展等情况相适应（沈艳蕾、张艳、贺业明，2016：167）。1999 年，教育部批准并执行了新的《大学英语教学大纲》。大纲将英语教学阐述为，"大学英语应帮助学生打下扎实的语言基础，掌握良好的语言学习方法，提高文化素质，以适应社会发展和经济建设的需要"。英语学习的目标定位从 1986 年的"获取专业所需要的工具"提升至"提高文化素养"。在肯定阅读能力仍是大部分大学生今后工作所需的主要技能以外，要求听懂英语并用英语进行口头或笔头表达，全面提高大学生的读、听、说、写、译等能力。

　　另一具有长期社会影响力的教育事件是大学英语四、六级考试的设立①。1987 年 9 月，大学英语四级标准考试（CET—4）首次在全国范围内实施。1989 年 1 月，全国大学英语六级考试开始施行。当时的考委主任杨惠中（1998：1）将大学英语四、六级考试界定为"全国性的教学考试"。1999 年，教育部批准并执行了新的《大学英语教学大纲》，将大学英语四级标准考试定为全国各类高等学校均应达到的基本要求。全国所有高等学校的学生在毕业前都必须达到四级要求，如达不到，就通不过教育部的教学质量检查。这意味着，四级考试不再区分学校的等级、学生水平的高低，

---

　　① 1985 年和 1986 年，国家教委相继颁布了《全国大学英语教学大纲（高等学校理工科本科用）》和《大学英语教学大纲（高等学校文理科本科用）》，并首次在大纲中提出了大学英语的分级教学原则。依据《大纲》规定，鉴于各校在新生入学水平、办学条件等方面存在差别，重点院校一般应达到基础阶段四级的教学要求，非重点院校应达到的级别由各校自定。教育部将对结束四、六级学习的学生进行统一的标准测试，一、二、三、五各级由学校自行测定。专业阅读能力和提高课程的测试也由各校按《大纲》要求自行安排。今后毕业生记分册上应同时注明学生在英语基础阶段所达到的级别以及专业阅读阶段的成绩，供用人单位参考。

千军万马都拥上了四级考试桥梁。不少学校甚至将四级及格证书与毕业证书或学位挂钩,用四级通过率来衡量教师的教学工作。考试对教学起到了指挥棒的作用(孟臻,2012:40)。

三、学英语的推进和热潮的反思(2000 年至今)

进入 21 世纪以来,随着全球化程度的逐步深入,国家对于英语的定位也有了进一步的提升。在 2004 年初教育部颁布的《大学英语课程教学要求》中,英语的教学目标在"社会发展和经济建设的需要"基础之上,增加了"国际交流的需要",并提出学生应具备"英语综合能力,特别是听说能力",其目的是"使学生在今后工作和社会交往中能用英语有效地进行口头和书面的信息交流,同时增强其自主学习能力、提高综合文化素养,以适应我国经济发展和国际交流的需要"。

在这期间,国家积极推动了两项较为重要的教育举措。一是在 2001 年 1 月推出的《教育部关于积极推进小学开设英语课程的指导意见》中,教育部决定"把小学开设英语课程作为 21 世纪初基础教育课程改革的重要内容",并做了具体部署:"2001 年秋季始,全国城市和县城小学逐步开设英语课程;2002 年秋季,乡镇所在地小学逐步开设英语课程。小学开设英语课程的起始年级一般为三年级。"实际上,早在 1963 年,周恩来总理和廖承志副委员长就曾提出了很有远见的建议——我国高水平的外语人才应用"一条龙"的方法加以培养,才能保证质量。从儿童开始就学习外语,能收到最好的效果,学到地道的外语,形成外语的思维能力和运用外语的习惯(付克,1986:111)。2001 年政策的推出意味着我国小学英语教育已经正式纳入 21 世纪国家教育计划(牛道生,2013:

191）。此外，随着中国加入 WTO、申奥和申博的相继成功，具有外语交际能力的英汉双语复合型人才开始成为社会上的急需。英汉双语教育开始在全国许多城市和学校展开。①

　　这期间，大学四、六级考试针对教学目标和能力要求的变化，也做出相应的调整。从 2005 年 6 月考试（试点）起，四、六级考试采用满分为 710 分的计分体制，不设及格线，成绩报导方式由考试合格证书改为成绩报告单，即考后向每位考生发放成绩报告单，报导内容包括总分、单项分等。虽然四、六级考试的改革持续推进，但这项自 1987 年逐渐在全国高校推广的英语考试，却持续性地引发社会争议：不容乐观的考试作弊现象，成绩在部分高校仍与学位挂钩，用人单位对四、六级考试要求的逐渐淡化……均让人们开始质疑四、六级考试的意义，能否如实反映出受试者的英语水平。2017 年，也是四级考试开展的第 30 年，不少媒体在报道中直接使

------

　　① 随着中国加入 WTO，申奥和申博的相继成功，全球化程度的逐步深入，具有外语交际能力的英汉双语复合型人才开始成为社会上的急需。2001 年教育部颁布的《关于加强高等学校本科教学工作提高教学质量的若干意见》中明确指出，为适应经济全球化和科技革命的挑战，本科教育要创造条件使用英语等外语进行公共课和专业课教学。对高新技术领域的生物技术、信息技术等专业，以及为适应我国加入 WTO 后需要的金融、法律等专业，更要先行一步，力争三年内，外语教学课程达到所开课程的 5%—10%。2007 年教育部高等学校本科教学质量与教学改革工程领导小组办公室发布了《关于启动 2007 年度双语教学示范课程建设项目的通知》，计划从 2007 年至 2010 年分批建设，支持 500 门双语教学示范课程。在这期间，每年分别确定有关学科领域进行重点建设。2007 年，教育部、财政部发布了《教育部、财政部关于批准 2007 年度双语教学示范课程建设项目的通知》，批准北京大学的《病理学》等 100 门课程为 2007 年度双语教学示范课程。此后，2008 年批准北京大学《定量分析化学》等 100 门课程，2009 年批准中国人民大学《国际商务伦理》等 152 门课程，2010 年批准北京大学《应用分析》等 151 门课程为年度双语教学示范课程。从 2007 年至 2010 年，全国高校一共建设了 503 门英汉双语教学示范课程，超额完成了 2007 年制定的建设 500 门双语教学示范课程的预期。此外，在我国一些沿海地区和经济发达地区，当地的教育主管部门积极推动当地学校尤其是中小学的英汉双语教育发展。（朱晔，2015：36，41—61）

用了"中年危机"这一说法。①

　　四、六级引发的诸多争议意味着对新的英语能力测评体系的呼吁和需求。2018年4月,教育部、国家语言文字工作委员会发布了《中国英语能力等级量表》并于6月1日起实施。这是面向我国英语学习者的首个英语能力测评标准。新的英语能力等级量表以语言运用为导向,共设九个等级,将学习者的英语能力从低到高划分为"基础、提高和熟练"三个阶段。从听力、阅读、口语、写作、翻译等方面对每一级别做出能力描述,并将这些等级与小学、初中、高中、大学、英语专业、研究生等主要教育阶段进行大致的对应匹配,从而为不同阶段、不同等级的英语能力制定切实可行的标准。同时新的语言等级量表将与国内主要的学业水平考试(中考、会考英语考试)、入学英语考试(高考、研究生入学英语考试)等实现良好的对接,并十分注重对接国际认可度高的量表(如CEFR等)和英语水平考试(如托福、雅思、剑桥英语考试等),以有效推动该量表以及我国英语能力测评的国际化(何莲珍、张慧玉,2017)。

---

　　① 鲁子问等(2012:100—102)认为,四、六级考试从一开始就陷入了定位的矛盾之中。是教学考试,就应该具有一定的强制性、针对性和阶段性;是水平考试,就应该具有统一的特点和自愿的原则。可是四、六级考试有教学考试的强制性,却没有教学考试的针对性和阶段性特征,有水平考试的统一性,却没有水平考试的自愿原则。正是四、六级考试与生俱来的身兼"二职"使得考试结果空前权威,使其知名度迅速上升,在校园内受到极高的重视,在校园外也被社会所认同;也正因此,造成了四、六级考试大量的滥用和误用。《中国青年报》在一篇名为《30岁的英语四六级:"中年危机"提前来了》的文章中提出的两个"不可能"呼应了鲁子问的解读:"四六级考试既想享受教学考试带来的地位垄断性和生源保障性等好处,又想享受社会考试带来的认可度是不可能的;要让四六级考试既满足社会需要,成为用人单位衡量学生英语水平的一把尺子,又让其发挥教学测试功能,作为完成教学课时后的达标测试,这是不可能的。"(叶雨婷,2017)

第二节　国家话语下学英语活动的开展

改革开放以后，中国虽然进入了全民"英语热"，但"热中有冷"、"冷热交叠"、"忽冷忽热"，对英语倾注了强烈而矛盾的喜怒哀乐。对于国人而言，英语已经成为一个符号，确切地说是符号的能指，其所指有两个，一个是现代化的理想，一个是民族文化身份的丧失。并且逐渐形成了与这一符号不同所指相对应的两套话语、两套意识形态。于前者，英语是中国成为国际强国的重要工具；于后者，英语侵蚀了汉语母语和母语文化认同。在历史发展的不同时期，随着国内政治、国际关系和社会形态的变化，这两套话语交替占据上风；在同一大的发展时期，也会因社会内部不同力量的角逐而发生话语交锋和更迭。矛盾的情感和冷热摇摆已经成为一种文化"惯习"（高一虹，2015）。

一、舆论质疑：汉语和英语的地位之争

人通过语言的中介来理解周遭的世界。但语言中所表达的意义却不是个人的、任意的或偶然的。语言中隐含着认知上的"预设"，它是不为人所察觉的心理范畴、背景知识、认知图式等，在一定程度上间接影响着使用者的思维和行为方式。语言并不是反映客观和主观世界透明的媒介，而是充盈着意识形态。与此同时，意识形态又是为权力提供服务的。所以，语言、意识形态和权力三者之间关系紧密。语言和意识形态一起帮助建构、维护和解构社会中的权力关系。语言既受权力关系的影响，反过来又影响着权力关系。语言传播的流向、流量不仅是国家权力博弈的结果，同时也成为全球化格局中国家权力流向、流量形成的社会基础（单波，

2010：144—170）。

作为世界通用语，英语在全球迁移、扩散，并引发大规模学习热度，其背后重要的推动力是以英美为主体的国家在全球政治、经济、传媒文化等领域的强大影响力。对于中国人而言，学英语的过程同时也是与语言所裹挟的文化体系的接触、融合与碰撞。随着英语学习热潮在全国的弥漫，英语教育已经成为我国学历教育体系中辐射范围最广、时间跨度最长的一部分。汉语和英语地位孰轻孰重成为持续多年、影响广泛的社会舆论之争。王辉（2015：66）将围绕这一问题形成的不同观点大致分类为：英语威胁论、汉语危机论、英语强化论和折中论①。其中在社会舆论中占据相对主导地位的是英语威胁论和汉语危机论。

英语威胁论的基本观点是英语在中国形成霸权地位，威胁汉语的地位，汉语和英语本末倒置（王辉，2015：66）。2005 年，《南方周末》一篇题为《陈丹青：我为什么辞职》的报道叙述了清华大学美术学教授、博士生导师陈丹青因为始终无法认同现行考试制度而愤然辞职。由于通不过政治、英语考试，陈丹青长达四年无法招到一名硕士生。2000 年，24 名学生投考陈丹青的研究生，其中 5 名入围，但因外语全部不过关只能落榜。5 名落榜考生被校方转为为期一年的"博士课程访问学者"。当他们在一年后完成博士论文选题，为转成正式博士学籍再考外语，却再度失利（张英，2005）。央视《新闻调查》节目采访了五名博士生中的其中两名。对于英语，他们表达了自己的无奈："思维方式不一样吧，我也搞不清楚。一谈到外语，我们只能是嘲笑自己，只能是这个样子，没办法抗

---

① 折中论的观点是：英语和汉语都很重要，汉语水平的下降和强调英语学习没有必然的联系。

拒";"相当于两个频道"。陈丹青更直言:"学会外语对一个艺术家而言与交流毫无关系,哑巴都能交流。"2010 年,一则关于"语文被'踢'出必考科目,重理轻文令人担忧"的消息引发网民热议。起因是上海同济大学、华东师大、华东理工、上海财大、上海外国语大学和东华大学六所高校在自主招生测试中将语文弃考(吴瑕、梁建敏,2010)。2013 年,以人民大学为代表的一些高校,将大学语文从必修改为选修,社会哗然。人大教改的理由是,大学语文课在课堂上不受学生欢迎,在关于全校必修课受欢迎程度的调查中排名倒数第二。针对此事,不少反对者认为,英语始终占据大学必修课位置,语文反倒成为选修,这是汉语"被边缘化"的表现。呼吁"恢复汉语地位"的声音不绝于耳(刘长欣,2013)。

与英语威胁论紧密相关联的,是汉语危机论。汉语危机论的主要观点是,国民汉语素质、汉语应用能力下降,地位降低,导致汉语的生存和发展产生危机(王辉,2015:69)。有媒体指出,"汉语危机"是个伪命题,真正的危机是当前汉语的使用存在危机,也就是"汉语应用危机"(孙曼均,2012)。中国青年报社会调查中心通过民意中国网和新浪网进行的一项调查显示,83.6%的人认为现在人们的汉语应用水平下降,其中 45.0%的人表示"下降很多"。67.7%的被调查者将下降的原因归结于人们不重视汉语,存在"外语热,母语冷"现象(黄冲,2012)。在著作《危机下的中文》中,潘文国(2008:2—10;29)对是否由于英语热引发汉语应用危机产生了质疑。虽然不论从英语学习的人数、所花费的时间和财力等各方面均反映出英语热现象已经弥漫全国,甚至有热度虚高的趋势,但两者之间并不构成必然的因果关系。真正对中文(书面语)乃至汉语(口语)形成冲击的是互联网的发展和信息化时代的到来,而其中英语语言信息更是在互联空间中占据主导地位。潘文国指出中国历史上有过四次大规模的中外文化交流。其中第四次肇始于20 世纪 80 年代中国实行的改革开放政策,世界的全球化、英语化和网络化助推了铺天盖地的外来词涌入汉语,其中包括大量的字母词,如 PC、CD、WTO、DVD、E-mail 等。媒体在多个场合对于新兴英语词的使用进一步推动了这些词汇在社会中的流行。2012年,《中国教育报》报道了中国社科院研究员李敏生等学者向新闻出版总署、国家语委举报,新修订的《现代汉语词典》第 6 版收录239 个以西文字母开头的词语违反了《国家通用语言文字法》,提出要"保卫汉语"。从 1996 年开始,《现代汉语词典》开始收录英语字母词。第 3 版收录了 39 条,第 4 版达到了 142 条,第 5 版增至182 多条,第 6 版总数达到 239 条。"汉语词典不是一般汉语出版物,它是教人们学习汉语、规范汉语的权威工具书。"人民日报高级记者傅振国认为"以上现象的出现,如果不加制止,最危险的倾向是会改变新一代年轻人的语言习惯,更喜欢英语,慢慢疏远了汉语"(李凌、黄蔚,2012)。

社会舆论就英语学习所引发的广泛争议对国家在英语方面的话语导向产生了一定的影响。在 2005 年度语言文字工作会议上,教育部副部长袁贵仁强调,对于重视外语学习和使用而忽略或削弱本国语言文字学习和使用的现象,要予以纠正。2013 年"两会"期间,全国政协委员张树华提出,中国应该制定科学的外语教育战略。重视和学习英语只是一种手段,是基于我们改革发展的需要,一些教育部门和机构却本末倒置,将它当作了唯一的目的。"英语热"耗费了大量的教育资源、社会资源,且已经弱化了对汉语的学习(张树华,2013)。

二、群体热情：以"百万市民学英语"为例的英语推广与空间传播

国家在调动民众学英语所发挥的影响时，既有政策上的宏观引导，同时也有通过对空间的规划嵌入英语学习的理念，这一空间通常以城市社会空间作为载体。

城市空间进行英语推广的一个典型例证是"百万市民学英语"活动在中国各大城市的展开。① 在众多活动中，研究选取北京奥运会的"百万市民学英语"活动进行分析。北京开展市民学英语活动在一定程度上借鉴了 2004 年雅典奥运会成功举办的经验，"在雅典的大街小巷，随便一个人都可以说几句英语，出租车汽车司机更是基本都能讲一口流利的英语，这使得来雅典的世界各国运动员、记者、游客等在语言交流上感到了极大的方便"。在著作《空间与政治》中，亨利·列斐伏尔（2015：23—24）将空间视为一个中介、一种手段或者工具，是一种中间物和一种媒介。举办奥运会的雅典既是城市也是媒介，虽然英语并不是希腊的母语，但英语的普及和民众的英语表达能力使雅典成了具有可沟通能力的城市。英

---

① 2001 年成功申办 2008 年奥运会后，为营造国际化的语言氛围、适应越来越多市民学习外语的需求，北京市政府按照"普及性、实用性、群众性、趣味性"相结合的原则，在全市开展了一系列市民讲外语的活动。2002 年 6 月，北京全面启动了"百万市民学外语"的活动，活动的组织机构——市民讲外语活动组委会成立。2003 年，《北京市民讲外语活动规划（2003—2008 年）》全面实施。2002 年上海成功申办 2010 年世界博览会后，也掀起了全民学习英语的热潮。2007 年启动了市民"迎世博，学双语"新三年学习活动计划，2008 年启动了"百万家庭迎世博学双语"和"百万学生迎世博学双语"活动。为迎接 2011 年世界大学生运动会，深圳推出了大型英语 DVD 教材《HELLO SHENZHEN——百万市民讲外语》，开展"迎大运，出租车司机学外语"等培训活动。南京把"百万市民学英语"作为迎接青奥会的一项重要任务，成立了"南京百万市民学英语志愿教学中心"，向社会招募 18 岁到 70 岁间，有一定英语基础的志愿者学习英语。从直接的目标来看，一系列"百万市民学外语"的活动开展是城市为召开国际盛会所做的筹备工作之一，更深层次是通过城市形象塑造在世界范围内展现国家形象。

语便捷了雅典城市空间中社交网络的建构,有效地构筑了各种社会关系。基于此,北京提出"市民讲外语活动",将活动的短期目标制定为:"2008年,使全市外语人口达到500万,营造良好的语言氛围,形成国际化语言文化环境,明显提高城市的国际交往能力,为奥运会的成功举办创造良好的语言条件。"更长期和深远的目标是将北京建设为国际大都市,进一步提升国家形象。

城市传播以"可沟通城市"为核心概念,将城市理解为一种关系性空间(复旦大学信息与传播研究中心课题组,2015)。潘忠党(2016)认为,城市传播绝不仅指"城市中发生的和/或城市居民们从事的传播活动",或是"城市展开的传播"。这一思维路径更多的是将空间视为承载传播活动的容器。城市空间是人的各种活动和体验之场所,而它们又是在人的行动和互动中才得以生成(making or becoming)。空间并不是透明且隐秘的,而是多要素汇聚的"行动的场域"。为实现可沟通性,空间需要充分调动市民的能动性,最大限度地激发多层面的交往和互动。这是一个持续性的,而非一蹴而就的空间建构策略。从2002年开始,在北京"隔三岔五便可以在街头上看到大大小小的讲外语活动"。活动中,既有在实体空间中组织的各类英语活动如"北京市民外语游园会"、"外语角"等,也有通过大众传媒播放的英语竞赛和电视节目,如"行业英语电视大赛"、"市民生活英语电视大赛"等。参与其中的个体可以强烈地感受到实体空间和虚拟空间的切换、叠加和交织。

"游园会"、"外语角"、"演讲比赛"等是人们切实展开行动的场所。场所及其所配备的设施及结构,鼓励人们开展纷繁多样的交往形态。场所是开放的交汇处,是各种活动空间、各种关联、各种影响力和运动的交织点。人们因为共同关注的事物和活动形成际遇,展开互动、相互表达和分享,进一步深化认知与情感方面建立起的联系。柯林斯将集体情感产生的情境范围分成几个层次：第一层次是"许多人聚集在一起，但缺乏共同的关注焦点"。比如机场候机大厅或者排队买票的人群，除了想早些结束与离开的短暂渴望之外，这些情境无持续性可言。较高一层是"有兴奋的熙熙攘攘的情境"，譬如在城市繁忙的街道上、在拥挤的饭店或酒吧中。这些场所中即使没有清晰的互动或关注焦点，也存在一种社会吸引的形式，处于人群中会产生一种"身处行动中"的感觉。第三层次是当人们从某项活动无动于衷的旁观者成为积极参与的一部分时，某种较高程度的团结有可能出现。而有共同关注焦点的事物就有了符号的作用，能够延长体验感。第四层次是人们通过"互动仪式链"而形成互为主体性的个人关系。当人们开始越来越密切地关注其共同的行动、知道彼此的所做所感，也更了解彼此的意识时，他们就会更强烈地体验到共享的情感、充沛的个体情感能量与群体团结（兰德尔·柯林斯，2012：124—132）。在媒体的相关报道中，可以看到多个对外语活动场所中第三和第四层次情境的描述。

　　一位年近花甲的老先生踊跃上台，操着一口并不十分专业，但也让人惊讶的英语，从容地讲起故事。本次游园会不乏这样的场面，为了充分调动市民学外语的积极性，组委会邀请了一些电视台和电台的主持人，与现场观众做互动游戏，众多培训机构还组织乐队、轮滑、舞蹈等具有特色的节目表演。演出在组委会设置的固定区域内分阶段进行，为全天的游园会掀起一个又一个高潮。（韩婧，2007）

　　来自北京、天津两市的千余名小学生进行了英语单词拼写对抗比赛……只见北京、天津的小学生们手拿"英语字母"

棋子,在棋盘上不断拼出一个单词,两市小学生聚精会神,丝毫不被周围的喧闹所动……昨天的劳动人民文化宫,被外语学习热潮所包围。宽大的外语游园会签名板上,开园仅 1 个小时就被热情的市民签满;写有中英文成语和俗语的展板前,挤满了白发苍苍的老者,他们认真地往笔记本上抄写;北京外国语大学的教授现场给市民讲解了奥运英语。(刘昊,2006)

在北京奥运会筹备期间,奥运组委会编写了一套英语系列教材《同一个世界 英语 100 句》(后简称《100 句》)、《同一个世界 英语 300 句》(后简称《300 句》)、《同一个世界 英语 600 句》(后简称《600 句》),针对不同的学习目标,教材的难度呈现梯度式递进①。在《100 句》的"致读者"和《300 句》的开篇处,均引用了清代书画

---

① 《同一个世界 英语 100 句》的学习目标是掌握 100 多句在日常生活中与外国友人交往时可以使用的最简单的用语;听得懂、用得上。《同一个世界 英语 300 句》的学习目标是使具有一般文化水平的普通市民,包括愿意以学英语作为消遣的老年人以及儿童、青少年,能够在街道上、商店中、旅游景点等遇到外国客人时用英语简单致意、礼貌寒暄,听懂和回答外宾有关问路、购物、求助等简单问题,对外宾作好表示,并了解一定的西方习俗、文化等。能够就生活中的一般问题与外国朋友进行一定程度的交谈,解决一些一般的疑难问题。《同一个世界 英语 600 句》中不只涉及日常生活中的一般情景,还包括了学前教育、中学教学、大学生生活、教师生活,在剧场、在酒吧、出租车上、加油站、商店、购物中心、美术馆、火车上、机场候机、市容参观、快餐店、庆祝圣诞与新年等广泛的场景。语言也不再是一般寒暄,而涉及了意见交流,阐述探讨,在难度上和词汇量上也有增加。《300 句》主要是解决简单的日常生活会话问题,但《600 句》则要在此基础上,在继续提高听说能力的同时,发展阅读能力。课程设计上在每一课都增加了一两个小故事,故事内容均涉及英语国家人民的一般生活习俗、兴趣爱好、风土人情、人际关系等,有助于通过学习外语增加对其他民族文化的了解。此外,每隔一课会介绍一首英语歌曲。这些歌曲不是当前某些"过眼烟云"式的流行歌曲,而是已经成为英语国家人民文化的一部分的、经过历史考验的脍炙人口的民歌。学会唱这些歌曲,对我们与外国朋友相处,联络感情,增进友谊,会非常有益。在《600 句》的每一课中还专门增辟了"文化角"(Cultural Corner)专栏,结合该课对话、歌曲以及谚语的内容,介绍有关英语国家文化信息。

家、文学家郑板桥《自叙》中的一句："人咸谓板桥读书善记，不知非善记，乃善诵耳。板桥每读一书，必千百遍。舟中，马上，被底或当食忘匕箸，或对客不听其语，并非自忘其所语，皆记书默诵也。书有弗记者乎？"随时随地进入忘我状态的诵读，是《100 句》和《300 句》向公众推广的英语学习方法。为了能在短期内达到"和外国人见面打招呼，做一般社交寒暄，简单交换信息以进行一定友好交流"的英语水平，一个"速成的捷径"是尝试"死记硬背"和"照搬照用"。教材同时对于如何践行这一方法进行了指导，譬如：学习者须反复听录音带，多遍随声朗读，直至能将内容流利地背出……做到滚瓜烂熟，保证你见到外国人就能来上几句；要有点"着魔"精神，像本书扉页后所引的大文豪郑板桥那样，随时随地地背，直到滚瓜烂熟；最好找一位和你同样"着了魔"的家人、朋友或同事，两个人分别扮演 A、B（甲、乙）的角色，边背边表演，手舞足蹈。无论您多大岁数，都要拿出点小孩子的"疯劲儿"来；在合适的场合，找"老外"练练；找会英语的中国人练也完全可以……跟老外说话，不用怕犯错儿，怕丢面子等（陈琳编，2006）。作为"北京奥运志愿者英语培训总教练"，疯狂英语的创始人李阳所宣传的英语学习观念中也蕴含"着魔"、"下苦功"等要素，培训的难点就是劝北京市民克服懒惰，把我的责任感传给他们，让北京市民知道，"I stand for China，I'm the face of China！"（熊翠红，2007）。新加坡纪录片导演莲·派克（Lien Pek）拍摄了一部名为 *Mad about English* 的纪录片。影片拍摄的初衷是对奥运期间中国人全民英语学习高度热忱的感知。"2008 年春节期间，在老舍茶馆，门口迎接她的服务员，吆喝时一口的京味，用的语言却是英语。在大董烤鸭店，在秀水街服装厂，在出租车公司，她看到人们为了念对某个发音，不厌其烦地重复练习，各个单位的英语培训搞得如火如

茶……"（王波,2012）

营造良好的国际语言环境,实现"人文奥运"是政府对北京城市空间的构想。而为了更好地激发人们学习英语的热忱,空间被设计了多个具体的、实在的鼓励人们开口表达英语的场所,为人们互动的开展提供了可能性。高声朗读英语、参与英语游戏、展开英语对话、学习英语知识等,随着个体一系列社会文化活动的开展,又部分地建构了空间。个体实践与实践场所是一个互动的过程。它一方面是个体主观能动性的体现,是自我呈现和表现的过程,另一方面也是一个场所的建构过程,是一个自我归属与认同的建构过程（於红梅,2015）。在人们寻求锻炼英语机会的过程中,在使用英语进行交流的过程中,个体也在积极且热忱地展开对城市、对国家共同体的想象实践,空间的潜能也因个体自主性的激发得以进一步的开发和挖掘。

第三节　学英语与国家形象建构

英国学者雷蒙·威廉斯（2016：270—271）曾对形象一词的发展演变进行了梳理。英文词 image 最早的意涵源自 13 世纪,指的是人像或肖像。虽然 image 的意蕴也许与 imitate（模仿）词义的演变存在着基本的关系,但 image 本身蕴涵了一个极为明显的张力——在"模仿"与"想象、虚构"两个概念之间。而这两个概念就其整个形塑过程而言,属于心理概念。再之后有关 image 的诸多用法被 image 在名声上的这一用法所超越。其意思是指"可感知的名声"（perceived reputation）,例如商业中的"品牌形象"或政治家关心自己的"形象"。约翰·菲斯克等（2004：132—133）认为,形象最初是指对现实的某种视觉性表达——或是实际的（就像在图画或照片中)，或是想象的(就像在文学或音乐中)。现在一般是指为了吸引公众而复制现实，人为创造的某种人工制品或公共印象。相较于西方学者将形象与文化和社会情境联系在一起，偏向于形象的印象形成与印象管理，汉语中形象的固有含义着重于事物的外在形态或面貌。随着中外交流的日益频繁，对于形象概念的诠释也产生了交汇。当前，形象主要是指由事物的内在特点和外在表现共通作用下给人们所留下的印象(吴献举、张昆，2016)。由此推演，国家形象也是内在与外在的融合与统一。同时，国家形象往往涉及不同主体对国家宏观的描述、看法、态度、认知和信念，可理解为社会公众对国家情感与意志的投影和综合反应。这之中融入了主体的感知、认同与凝聚，并在传播中显性化。

国家形象建构实质是一个自上而下的系统工程。需要全方位的参与，其塑造和参与的主体包括政府、企业和全体国民(程曼丽，2007)。同时，国家形象的塑造是多渠道的。这其中，学英语是传播国家形象的渠道之一。学英语与国家形象传播的关联性也许并不如媒介呈现一样直观和显现，但这种关联却有其独特的战略性和重要性。

学英语从推动彼此认同的角度优化了国家形象。语言和文化一直存在着相依相融、不可分割的紧密关联。束定芳(1996)将语言看作文化的有机组成部分，也是文化的载体。杜道明(2008)指出，载体这一说法并不全面。所谓载体，是指承载东西的物体，亦即运载其他物质的工具。但运载物和运载工具都是独立存在的，它们既可以分开，也可以用别的载体和运载物加以替换。但是语言与文化的关系则与此不同。一切文化活动和文化创造，即便是单个人的物质活动和精神活动，都离不开语言，并且所有的文化积累都保存在语言系统之中。不论媒介技术层面发生怎样重大的变迁,作为基础传播符号,语言本身携带了诸如文化、气质等一系列形象。尤其是对于全球性语言英语而言,其功能往往超过了英语语言本身,与全球性视野等产生了关联。在学英语的过程中,不论是课堂学习、阅读外文书籍、观看电影和电视剧等学习途径,均有意识和无意识地掺入并嵌合了与全球多个国家相关联的各式各样的知识类型。这意味着学英语同时是跨文化的语言教育。公众对待他文化群体时,常常不可避免地会存在一定程度上先入为主的刻板印象。刻板印象实则是对国家形象一个泛化的、简易的、类型化的认知。互联网上有一个有意思的概念叫"logo 式刻板印象"。在我们的想象中,韩国人跳江南 style,巴西人一定会踢足球跳桑巴舞,对法国的了解无外乎卢浮宫、葡萄酒和铁塔,日本从事绘画工作的不是画漫画就是浮世绘。同样,中国人会被认为是会功夫的。描述中国时逃不出功夫、神秘的药物和医术、中餐(张佳玮,2015)。这种认知的形成多通过大众传媒、书本或口耳相传所得。打破时空界限的电子传播技术以及该技术架构使然的信息高频流动,使个体在吸纳了多样且复合的文化全景的同时,也被裹挟并限制于一系列具有高辨识度但非典型性的他者符码中。媒介在这里发挥了"桥"与"沟"的双重文化角色。一方面,媒介形成了无限延伸的"桥",使得人与人之间的时间与空间距离缩小甚至趋于消失。但另一方面,媒介所创造的符号以及交流手段的爆炸所导致的信息、知识、符号的饱和,把人们与客观真实隔离起来,与真实的历史文化分离开来,媒介形成了无所不在的"沟"(单波,2010:20)。媒介的"桥"使个体可以真切地感受到,与自身息息相关的人类命运共同体在不断地叠加、交织、重构和延展。而媒介的"沟"意味着电视、广告、电影、报纸等媒体可能会出现甚至强化对他文化叙事和呈现的单维度、偏狭、失真抑或扭曲;个体在媒介的浸润下，在无形中形成了对他文化感知的某种偏向。甚至即便有实际性的、直接接触的实地经验，也未必能改变原本的观点，形成更具有准确性和全面性的客观观念。学英语并非旨在扭转学习者的认知偏差，但希冀于通过将语言技巧、语法、词汇的学习过程与在文化之间流动所需的知识和技巧进行融合，关注文化相似性和差异性，并且在文化产生冲突时学会自我调节（约翰·科贝特，2017：378），使语言学习者具备成为全球高速流动时代中的跨文化交流者的技能和品质。积极的交流本身所传达的即是一种"开放、包容、国际化"的形象特征。但同时，交流不仅限于可以使用英语开展活动，如参加学术会议、参与商贸洽谈等。交流同时也意味着可以以灵活且审慎的态度阅读文本，以共情的态度投射于他者，形成互为主体性的文化感知和交互。

学英语同时从知识扩散的角度增强了国家形象。中国人学英语的出发点经历了多重变迁。对于中国人而言，在与其他国家展开多维度的交流对话的基础之上，能通过英语能力表征，推动国家形象的彼此认同，从而在全球传播网中进一步巩固我国国家形象。在我国，很多对外交流的领域和行业对英语要求较高，这主要与国际科技文化知识交流愈加密切的大背景相关。在一些专有领域，如文学领域，国人已经将很多经典文学作品翻译成英文进行文化外交，以此来塑造国家影响力和国家形象。很多国家已经出现了以英文为特定标签的国家形象宣传。而我国在具有中国特色的文化塑造中还须进一步扩大其张力和可融性。通过学英语，转换形成传播网与内容载体，进一步建构国家层面的总体形象，已经成为国际交往和信息沟通窗口应用的重要途径。从这个角度出发，中国人学英语实际上不仅仅是中国人自身英语能力的形象塑造与标识，更多的是国际传播中的相互交流与相互影响，如基于英语语言有效推广文化形象、历史形象、企业形象等。

因此,中国人学英语,从国家战略角度来看,实际上能够从多维度全方位视角进一步塑造整体性的国家形象。学英语是过程与结果的综合。因为语言在文化承载、群际接触等层面具有得天独厚的条件和优势,基于语言的国家形象传播和建构是一种更深层次的、更具有持久性的国际传播。当前,英语的国际普及度和影响力已经被广泛认可,因此,中国人学英语不仅是一种跨域知识体系的交融,更是国家能力、国家文化软实力的外在辐射。

第三章　传媒话语中学英语的身份想象

　　"接下来我还要强调一点，会英语的不一定会比不会英语的人优秀，但一定要比他们多更多的可能和竞争力。"

——摘自电视剧《上海女子图鉴》

　　"这节目英语不行的明星就不要去了"

　　"这期嘉宾会说英文"

　　"老是说要英文交流，真不烦吗"

　　"英语很好，看得出付出过很多努力"

　　"真的很国际范"

　　"说英语怎么了？ 比你优秀的人还在学习有问题吗???"

　　"都会英语"

　　"我的天，不光汉字写得好英文字也好"

—— 摘自各类真人秀节目在视频网站播放过程中出现的弹幕

　　德国学者 Friedrich Krotz(2007)认为，全球化时代是由一些漫长且宏观的进程演变构成的。媒介化和全球化、个人化、商业化一并都可以作为长期影响社会、文化、政治发展的元过程。杜骏飞

(2018)预言未来的信息传播将打破物理边界,会像空气一样气态分布,弥散在我们周围,并提出概念"弥散的传播"。如果说国家主导学英语叙事,那么传媒润物细无声地加入了这一话语体系。传媒话语中的学英语是信息资讯和画面影像,话语中所呈现的英语语言文化和英语学习样态,成了社会对于学英语相关认知的镜像。

第一节　英语符码的身份展演

在著作 *Common Culture* 中,保罗·威利斯(Willis,1990:11)发掘并展现了日常生活中的符号创造力(symbolic creativity)。他提出,所有年轻人都在积极地从事符号—文化工作。他们发挥自我潜能,采用多元的方式赋予原始符码或符码资源以意义。这项活动已经成为每日生活中必不可少的一部分。这一生产活动本身就是一种传播。语言(language),连同身体(body)、戏剧形式(dramatic forms)在威利斯看来,一定程度上是原始的符号和工具。而语言是首要且最为主要的符码资源和实践。语言是交流的工具,是感知世界的最高层级。人们利用语言和他者互动,并评估自我对他者以及他者对自我的影响。这也意味着,语言的内涵,已经不仅仅是"由音位、语素、词和词组、句子和篇章等构成的层级系统",它同时也是自我呈现和表达的重要手段。

一、表意的语言符码:语言的指向性和商品化

在读博士期间,研究者获得了在美国一所高校交流学习一年的机会。在这里学习的过程中,我也认识了一些来自中国交流学习的学生。一个周末,朋友实验室的组员邀请我们一起去他家里吃饭。当大家围坐在一起时,其中一个男生小吴当天穿的衣服引

起了我的注意。这是一件白色的 T 恤,款式也很普通。T 恤上面印了几排工整的英文字符,不同字体且不同大小,但粗略一看,这几行文字中因为出现了一些较为生僻的英文单词,所以并不能很快明确上面究竟写了什么。

　　我:"你这是什么衣服啊?"

　　小吴:"这是我们实验室的文化衫。"

　　我:"那真不错,你来这里学习,这边的实验室还给你发文化衫。"

　　小吴:"啊,这件不是的,这是我们××大学的,我们自己实验室的衣服。"

　　我:"可是上面一个中文字也没有啊。"

　　小吴:"为什么要中文,用英文写才能体现出我们实验室的专业化和国际化。"

　　对话到这里戛然而止,大家继续热火朝天地用餐。在我和小吴短暂的对话过程中,有一两个人抬头看了一眼那件 T 恤。我曾多次听到朋友提及国内这所大学在专业上的优势,包括发表了多少篇国际期刊论文、举行了多少国际会议,和诸多国外知名大学建立了合作关系等。

　　这段"微不足道"的对话很快就被美味的食物和气氛热烈的聚会所淹没。聚会过后的第二天,我在微信朋友圈中看到了一篇文章,题为《这个美国人拍了一部电影,记录白人在中国靠脸吃饭的"白猴子"行业》。它叙述了美国富布莱特学者大卫·博伦斯坦2012 年在四川做人类学研究期间,无意中进入了当地的"白猴子表演"行业。在这里,他和其他外国人被雇佣并在不同的场合扮演各种指定角色：黑管演奏家、贝斯手、建筑大师、国际运动员等。虽然绝大多数角色和参与的场合对于大卫来说完全陌生，但在曾是重庆最大外国人租赁公司的创始人 yana 看来："只要老外往那儿一站，那就变了，就不是某个偏远山区的房子，而是未来国际化的城市。"配合"天堂"、"欧式"、"皇家"、"尊爵"、"维也纳"等一系列楼盘名字，大卫和其他被雇佣的外国人有代表性地诠释了"国际化、都市建设和西方优质生活"（温欣语，2017）。有意思的是，在我的访谈调研过程中，其中一位访谈者何烨告诉我，访谈后的第二天她答应朋友去某地区景点帮忙拍摄旅行宣传片，她的朋友询问她是否可以联系几个外国人一起同行，因为旅行宣传片中需要出现外国面孔，"一看这地方就有档次啊"。

小吴 T 恤上所印制的英文的实验室名称、宣传片和现场活动中出现的外国人均可以看作一种"表达实践"，一种"意义的创造"。这其中，语言，更准确地说是英语，成了表意手段，被认为可以帮助建立特定的身份形象，具有一定的象征性意义①。

随着全球化与消费主义的蔓延，语言的指向性也与商品化息息相关。商品通常会被误认为是耐用品（durable），而我们的话语

---

①　表意和语言的指向性有着密切的关联。指向性是语言符码的重要特质之一。符号学创始人之一的查尔斯·桑德斯·皮尔斯将符号定义为：在某种程度上向某人代表某一样东西。它是针对某个人而言的。也就是说，它在那个人的头脑里激起一个相应的符号，或者一个更加发达的符号。后产生的符号称为第一个符号的解释项。符号代表某样东西，即它的对象。它不是在所有方面，而是通过指称某种观念来代表那个对象。符号与指称对象之间，存在像似符（icon）、规约符（symbol）和指示符（index）三个类别。不同于像似符"通过写实或模仿来表征对象"；也不同于规约符，与指称对象之间的联系是"习惯性的、一般观念的联想"；指示符与指称对象构成某种因果的或者时空的连接关系（丁尔苏，2012：49）。指示符和指称对象是"动态共存"（dynamical coexistence）（转下页）

或言说(utterance)因为转瞬即逝,所以不具备物质性。但是当话语通过刊载、影印等多种形式被刻录,或是通过传播成为深嵌于某个个体或群体的惯习后,话语就以相对稳固的形式保存下来,具备了物质性。此外,商品并不是物品唯一且恒定的存在形式。当物品出现在广告、商场等场合中,物品具备了交换属性成为商品;但是当该物品以礼物、艺术品、民族象征等形式出现时,它就不再被作为商品看待(Agha,2011)。在某个情境下,英语口音和表达是个人文化身份的标志,但在另一场合,就成了获取工作的重要文化资本(Park and Wee,2012:126)。

当以更为灵活和全面的视角看待语言及其商品化后,接下来的问题是语言的商品价值从何而来? Asif Agha(2011)指出,商品的价值在于其使用和对使用者具有社会指代功效。一个产品之所以被称为商品,是因为它和具有辨识度的社会身份以及社会情境产生了关联。产品的指向意义不断积淀,为商品经济价值的累积打下了重要的基础。譬如,当一个产品和高级的生活方式产生了指向性关联,该产品会相应地被认为具有更高的商业价值(Park and Wee,2012:127)。而如果同一符码出现在多个话语场域,以

(接上页)的(Hanks,1999)。"动态共存"意味着指示符与指称对象之间并不是恒定不变的关系。索绪尔将语言符号定义为能指和所指的二元关系。虽然能指和所指之间没有必然的联系,但对所有说同一语言的主体来说,"任意性"是规范的、绝对的、有效的和强制性的(克里斯蒂娃,2015:14)。皮尔斯在索绪尔二元基础之上提出了三元关系。增加了"解释项"(interpretant),"着重突出了解释者作为认知主体在对符号意义的认知上所起到的决定作用"。皮尔斯将符号解释项分成了两部分,其中一部分是符号的自身信息,另一部分是符号使用者关于生活世界的一般知识。后者是前者的先决条件,而前者又不断对后者进行改造。因此,符号过程就是符号在发出者与解释者之间传播的过程。而解释项就是一种由其他符号产生的另一个符号。这个生成过程依靠解释者对其他符号的解释或翻译。因此,符号意义也在符号传播的过程中不断地衍化(薛晨,2015:201)。

多样的形式被描绘和运用时,其表征意义也在动态的社会语境下不断地发展和衍变。又或者,当符码某个特定的表征意义在不同的语境和情境下被持续性征用,就会进一步推动该商品和这一特定表征意义间产生根深蒂固的关联。譬如,在网络互动交流中出现了大量语言缩略和简写,这被认为是为了适应以计算机为媒介的网络文本传播的特征。但是,当媒介技术的发展不再对语言的字符数目有所限制,缩略且精简的语言表达形式没有减少并从线上延伸至越来越多的线下情境中:书包和T恤衫上印有"OMG"的标志、海报广告中的文字夹杂表情符号、符码"@"出现在不少大城市的购物中心等。在这些情境中,网络符码的使用并不是出于交流的省时或便捷,而是传递出"酷"、"青春"、"都市"和"现代感"等内涵特质,网络语言成了具有营销价值和经济价值的商品符码(Barton and Lee,2013:182)。

媒介已经进入了人们尤其是年轻人大量的创造性活动。年轻人通过媒介,学会了符码规则,学会了如何把玩符码并重新塑造形式,他们是当今时代所有社会群体中最为复杂的媒介及影像的阅读者(Willis,1990:30)。而当前,媒介影像大量渗透扩散至日常生活,已经成为各个年龄段人群最富裕的日常生活资源,成为人们无法逃避的符号情境和逐步深嵌的文化意识。人们从媒介中获取语言的象征意义和文化意义。而举目四望,人们在消费社会中又同时被营销着的,有待或已被销售的商品、事物、服务所包围。媒介影像和作为商品对象的"物"无处不在,无时不有,联系日益紧密。英语既是媒介化的符码同时也是消费符码,英语学习者既是媒介文化的体验者同时也是文化符码的生产者、传播者和消费者。

二、话语表达与身份建构——"中英混杂"在媒介中的呈现

2018 年 6 月，《新周刊》发布了一期关于"中国话术指南"主题的杂志，指出当前社会日益圈层化，并且每个圈层都有属于自己的行话、黑话和暗语。如果某个人满嘴"这个 project 的 schedule 有些问题，其中的 buffer 更是少之又少"，那他/她属于外企人。研究者在开篇中所引用的"PAPI 酱"的案例，在一定程度上所反映的也是中英混搭（也可称为中英混杂或中英杂糅）的语言表达方式已经从外企的一种工作交际形式扩散至日常生活沟通，成为一种流行的社会文化。

外资企业界作为全新的社会领域在中国兴起，缘于改革开放进程的推进。几位有在外资企业工作经验的访谈者向我提及了《杜拉拉升职记》。这本小说被称为"中国白领必读的职场修炼小说"；"揭示外企生存智慧"，比"比尔·盖茨更值得参考的白领丽人世界 500 强职场心得"。书中的不少对话中夹杂英文用语，多处细节也在无形之中强调英语的重要性。例如，书中主人公杜拉拉进入通信行业著名美资 500 强企业 DB 担任华南大区销售助理两年后，升职为 DB 广州办行政主管。职位的晋升不仅是因为考虑到她的能干和责任心，以及在广州工作两年对办事处的熟悉度较高，同时杜拉拉的英文在 DB 的广州办"即便不数一也要数二了"。孙中欣（2013）在对改革开放后出现的新精英群体中的年轻都市职业女性进行访谈时发现，这些访谈对象普遍认为，娴熟掌握外语，特别是英语，是在中国的跨国公司找到好工作的垫脚石。出于职业需要，她们将英语作为工作语言，拥有英文名。并且由于收入高、受过高等教育以及受到外资公司职场文化的影响，其生活方式和西方国家相近：穿的套装和衣服更像西方人，过西方节日，在星巴

克喝咖啡，喜欢选购国际品牌。独立自主、具有国际都市气息的都市白领群体一直是时尚类媒体的主要创造者和前沿引领者。这其中，当代中国都市白领女性更是占据着重要的大众媒体空间，成为如何穿衣、如何平衡职业与家庭、如何享受高质量生活的"中国新女性典范"。也由此产生了一些性别术语诸如"白领丽人"、"精品女人"、"女强人"等。依托媒介的宣传，外企精英白领的工作和生活方式在消费社会日渐扩散，引起人们的效仿。

当代社会是一个观展社会，人们是观众同时也是行动者。当日常生活的一切都成为观展的对象时，事物成为具有象征意义的符号，观展导致日常生活的美学化（aestheticization）。人们开始注重风格（style）以展现自我：穿正确的衣服，开正确的车，咨询形象顾问保证自己的形象呈现符合他人的期望，这一切都是为了在激烈的社会竞争中构建并维持独特的个人形象。在观展社会，风格是人们的诉求，是人们希望呈现给他人，想要别人观看他（她）们的方式（Abercrombie and Longhurst，1998）。菲儿·科恩曾提出"风格化"的三要素，包括形象、品行和行话。其中行话，也称"切口"或"黑话"，是在特殊群体中心领神会的语言和表达方式（马中红，2013）。虽然菲儿·科恩所说的风格化更多涉及亚文化研究领域，但它同时也具有一定的延伸性。与此同时，风格深嵌于影像之中。影像的激增是造成日常生活美学化的重要原因。符码和影像的流转渗透当代社会的日常生活，人们沉浸在由电视、广告、录音、音乐、报纸、杂志等营造的繁复多样的影像之中。而其中，中英混搭，甚至全英文这一常出现在外资企业界具有相对独特性的工作交流方式，经由媒介影像的呈现和传播，成了在都市空间中表现风格的途径之一。表现形式主要有以下几种：

采纳英语名字或以英语名字互称对方。名字是身份认同的明显标记。在跨国公司工作的中国职员取用外文名字，已经成为一种时尚。使用英文名字既出于工作沟通便利的需要，同时也向听者传递出独特的关于身份地位与世界观的信息，是个体作为中国城市精英的一种社会认同。在电话中以西文名字自称会被认为"在外资公司工作"，"在相对高层"，"熟悉英语工作环境"以及"可能英语也说得很好"，虽然这些预判需要通过面对面的会谈或私人更长时间的谈话才可以确认，但是名字提供了对个体进行分类的积极信息（杜晓桦，2006）。在电视剧《上海女子图鉴》中，主人公罗海燕在 2003 年大学毕业后进入一家 4A 广告公司实习。同一批实习生中，只有她没有英文名字。在实习的第一天，她就遭到了同是实习生 Amy 的嘲讽，也被工作人员要求尽快起一个英文名字。起初，罗海燕自信地认为自己并不需要英文名："你看人章子怡的英文名 Zi Yi 多好听，又自信又大气。"但后来她逐渐发现，由于英语能力不足，她不能和公司的外国客户自如地交流，自己熬夜做的 PPT 只能由别人代讲。电视剧第五集的副标题叫《第一笔投资》，罗海燕的第一笔投资就是报名了对于当时的她而言价格较为高昂的英语辅导班。在实习生 Kate 的帮助下，罗海燕以名字中"海燕"二字的谐音取了英文名字 Harriet。从罗海燕到 Harriet 的过程，也是主人公逐步对外资企业文化认同和融入的过程。她充分意识到英语对于个人竞争力的重要性，并通过学英语去逐步适应上海这一国际化大都市的氛围和节奏。英语是罗海燕的第一笔自我投资，同时也被视为自我蜕变的开端。这种蜕变是全方位的，既有语言能力的锻造，也有样貌身形的改变。在第五集中，罗海燕不仅拥有了自己的英文名，同时听取了 Kate 的建议换了新发型，预备从"能力，外貌、气质"各个方面"脱胎换骨，做个精致女人，在上海站稳脚跟"。

除了英文名，对话交流中夹杂英语也成为媒体在表现精英群体，尤其是跨国精英时会使用的元素。电视剧《欢乐颂》中人物安迪的设定是"纽约归国的高级商业精英，投资公司高管"。在剧中多个与他人交流的非正式场合中，安迪习惯性地在表达中夹杂英语单词或使用整句英文。例如"赶紧跟我说说你的 problem...informal 的场合，不用在乎字眼⋯⋯你是说你基本没看，那你只有两个选择，一个是放弃资料哪儿来哪儿去。还有一个赶紧上网，把资料 translate"。又例如，邻居曲筱绡深夜聚会因为安迪报警干扰休息而不欢而散，在向愤怒的邻居告知是她报警并解释原因后，安迪用英语结束了对话："I need sleep，I don't want to have to tell you again. 如果再有下一次的话，我不会像今天一样等 15 分钟才报警，我会立即报警而且向你索赔。"电视剧《急诊科医生》中也通过类似的语言表达方式体现女主角江晓琪的人物身份：哈佛医学院博士生。在第一集中，江晓琪逛街时包被抢，追逐中偷包的小孩意外晕倒在地，她将其送至自己即将工作的燕京大学国际医院的急诊科就诊。虽然身着便装，但她仍麻利地指导急诊科医生对患者进行诊治："先查个血气看看⋯⋯还要我教你怎么检查吗，联系心电、核磁、超声⋯⋯快点，quick！"；"手机借我用一下，please"。她用英语打电话请朋友送来小孩住院的费用。当医生执意要询问她姓名时头也不回地说："Catch you later（回头见）。"类似这样的台词设计一方面是对人物身份背景的补充说明，另一方面通过中文和英语自然且娴熟地切换，营造出果敢且干练、具有"国际范"的精英形象。以上列举的片段在网络平台播放的同时，视频的弹幕中会出现部分观众的评价。这其中，有的评价对于身份的这一表现形式表示认同："一看就是海龟啊"；"挺真实的，留洋的医生都这样"。但有的则持相对否定的态度："动不动说英语"；"英文够尴尬";"什么哦一会儿英文一会儿中文跪了";"好好的突然冒出一句英语真烦"。

钱锺书在著作《围城》中将说话中夹杂英文的现象形容为"他说话里嵌的英文字,还比不得嘴里嵌的金牙,因为金牙不仅妆点,尚可使用,只好比牙缝里嵌的肉屑,表示饭菜吃得好,此外全无用处"。新闻评论类节目《老梁观世界》在 2013 年一期名为《英语热该降降温了》的节目中,媒体评论人梁宏达描述了一个有意思的现象,"到某个公司去,明明俩中国人,突然一方张嘴就是英语,他为了显示自己有范儿——你看我跟国际接轨"。电视剧《欢乐颂 2》中的一幕场景与老梁所说的现象具有相似性,并引发热议。剧中人物关雎尔和澳洲海归舒展在双方家长的安排下见面相亲。过程中,舒展全程以中英杂糅的语言风格与他人对话。有网友将舒展的英语表现形容为"顶级的散装英语"①。

舒展:我想各位都是 sophisticated(见过世面)。我觉得这家西餐厅比较 special(特别),应该还没有烂大街吧……我必须得先申明一下,今天必须我买单,因为是我邀请的小关。Man should always pay the bill, all right?(男士来买单,好吗)... Waiter,上次 Chris 说最近会有 anchovies(凤尾鱼)到了吗?

服务员:有了,我们大厨亲自去采买的。

舒展:OK,那我们的前菜就要 white anchovies(白凤尾鱼)、Roma hours(罗马时光), and crispy ham(脆皮火腿),

① "散装英语"又被称为"三明治英语",是指在以汉语为主的日常交谈和对话中掺入一些英文单词的表达方式。

你一定要记住啊,Roma hours 一定要 fresh(新鲜),我这个人
对食材的要求很严格,食材必须 fresh,新鲜的东西才好吃,才
有口感。

　　……

　　曲筱筱:舒兄啊,说起来人家也是留过学的呢,怎么刚才
你说的那些话我都听不懂呢?

　　舒展:可能曲小姐对菜肴没有那么多的研究,而且对食材
的搭配也不是很了解吧。

　　曲筱筱:我刚才好像听到你说什么奶酪,什么凤尾鱼
是吗?

　　舒展:因为这家店的 anchovy 做得很地道,而且这里面还
别出心裁地加了碎火腿。碎火腿也很有讲究,用的是 Iberian
ham(伊比利亚火腿),这些猪吃的是 oak fruit(橡木果)长大
的……I study in Australia(我在澳大利亚学习),那边不但有
很多高端的 restaurants(饭店),而且还遍布 wineries(酒庄),
我用了两个暑假的时间自驾游澳大利亚各大酒庄,drinking,
and eating cheese and steak(品酒,品尝奶酪和牛排),每天与
当地的厨子交流各种为什么。久而久之,俗话说 practice
makes perfect(熟能生巧)。

　　曲筱筱:难道你对葡萄酒还有深刻的研究吗?

　　舒展:不能说深刻的研究吧,也只是略知一二而已。但是
相对于澳大利亚的葡萄酒,我个人更偏爱于意大利那种历史
悠久的红酒……(选自电视剧《欢乐颂 2》第 12 集)

　　在交流过程中,舒展出现了一些英文单词表达和语法使用的
错误,但依旧侃侃而谈并无察觉。剧中人物安迪对舒展的评价是:

"才华应该也是有一点,我只比较不喜欢装作无意识地在炫耀自己才华的人。"在弹幕、留言板等评论中,不少网友认为这段表现"尴尬"、"很作"、"装得过了"。"装"可以理解为一种印象整饰,但因为目的性过强或表演痕迹过于明显等原因而被他人所觉察。舒展将凤尾鱼、脆皮火腿、酒庄等词汇特意用英语进行表述,并不仅是为了展示英语语言能力。在西餐店就餐,消费他所列举的菜品需要一定经济资本的支撑。所以通过英语对特定菜品进行标识,旨在体现个人所秉持品位的"真实性",凸显自身对于西方饮食文化较为深入的品鉴能力。在言说的同时,舒展并未觉察到同桌三人对他的态度甚至是婉转的嘲讽。相反,他从言语上直接指出,"听不懂"这些英文单词意味着对于食材搭配和菜肴品析缺乏足够的了解。这进一步说明舒展将就餐中对于食材的高要求和对食材搭配的驾轻就熟视为个人的审美旨趣。英语在这里的频繁使用,既是消费区隔的体现,同时也是"品味和智识"的佐证。

第二节　媒介文本中的文化分野

经由媒介呈现,中英混杂的表达方式被认为是具有一定成就感的个人标签和象征元素。但与此同时,当英语成为塑造国际化精英形象重要的身份标识和表意手段,媒介又通过英语及其背后的英语文化在无形中塑造了群体间的区隔。

一、媒介中的英语口语文化

随着英语在世界各地的传播,并被多个国家作为官方语言或第二语言,英语在不同国家及同一国家的不同地区的发音方式也有所不同,产生了英语的不同口音。英语口音的变化分为跨口音变化和口音内变化。其中,跨口音变化是指不同国家英语标准口音间的变化,如英式口音、美式口音、澳大利亚口音、爱尔兰口音和苏格兰口音,它们各自有明显的标识性区别。与我国的普通话类似,以英语为官方语言的国家或地区通常会规定一种口音作为本国或本地区的"标准"发音。对于绝大多数中国英语学习者而言,更为熟悉的是英式英语和美式英语。在英格兰,尽管没有法定的官方口音,但英式标准发音是公认的标准发音。在美国,没有一种发音可以和英式标准发音相对应。美式标准发音仅是 2/3 美国人口音的一种通用称呼,这部分人的口音没有显著的地域性差别(严勤、吕勇,2015:5—6)。但是,在媒体的话语策略下,"标准"的英语口音在特定情境下被赋予了特定的意义。

"闹太套"是 2008 年出现的一个网络流行语,源自英文"not at all"的谐音。该词的形成与奥运歌曲演唱有关。演艺明星黄晓明在演唱奥运歌曲"One World One Dream"时,由于对英文歌词"not at all"的发音酷似"闹太套"而被网友调侃。

2017 年,演艺明星赵丽颖、Angelababy、刘嘉玲分别为知名奢侈品牌迪奥录制了一段主题为"Dior Love Chain"的系列视频。视频中三个人均用英语叙述同一句话:"And you? What would you do for love?" 但赵丽颖在视频中的英语语音语调却被部分网友批评。

上述两个事例,均为演艺明星在公众场合因为英语口音问题引发人们的热议。但从网络舆论效应来看,人们针对"闹太套"的态度更多的是一种调侃。但赵丽颖的这句英文却引发了更为广泛和多元的社会解读。有网友发表了"技术帖",分析赵丽颖的英文到底差在哪里,相应的也有网友认为语言的作用在于沟通和理解,赵丽颖的这句英文可以清晰地表达出内容,对英语口音的过多苛责并没有必要。有网友指出相较于视频中的另外两名女明星，赵丽颖的姿态"缺乏自信"、"忸怩不自然"，但也有网友认为赵丽颖作为一名受访者，对于公益视频有自己的理解和诠释，相对缓慢的吐字和发言显示出态度的庄重和严肃。在众说纷纭中，英语的语音语调已经成为一个高度具像化的符码。

案例1：

《你好，旧时光》是根据青春文学作家八月长安创作的同名青春小说改编的一部电视剧。在电视剧中，辛锐和徐志强是从宏志班①转学进入省重点中学振华中学文科班的两位学生。最初，两位学生并不适应振华中学的学习进度，一度被视为班级的"局外人"。英语，尤其是英语的口语，成为体现宏志班和省重点中学学生间差距的一个表现形式，在剧中多次出现。

　　英语老师："同学们，这篇课文要求背诵，大家都背过了吧，我抽查一下啊。那个低头的女生，站起来背诵一下课文吧。没背过吗？你是新来的吧，你叫什么名字？"

　　陈瑶："老师，她叫辛锐。是新来的宏志班的学生。"

　　英语老师："那个笑的男生，你站起来，刚才就你不好好读，你把课文背诵一下。"

　　徐志强："我也不会背。"

　　英语老师："你是另一个宏志生吧。你是没背，还是没背下来？"

　　徐志强："我是没背下来。"

---

　　① 宏志班取"宏图寄党思、志远为国强"之意，是在党和政府的支持下，依托学校，专门为品学兼优特困学生，进行免收学费、书费甚至还补助生活费的一种特殊教育形式。

英语老师:"打开课本,把它读下来,读你能读得下来吧。"

徐志强:"It is not necessary to be a great scientist(不会念 scientist 向同桌询问)……不是你们笑什么啊,之前我们老师就这么教的。"

英语老师:"你们班的英语平均分,本来就比那两个班低5分还多。这次期末考试,别想翻身了。"

陈瑶:"老师,他们俩待不到期末考试。"(该段落选自电视剧《你好,旧时光》第4集)

余周周:"我是觉得她(辛锐)挺可怜的,我们得帮帮她……我看过她其他成绩,考的都还不错,就英语差了点。"

米乔:"那叫差点儿吗,说她英文那口音,那可比伦敦郊区都偏呢。"(该段落选自电视剧《你好,旧时光》第4集)

由于不能跟上振华中学的学习进度,与辛锐和徐志强同一批的大部分宏志班学生被班级老师劝退,但班主任仍坚决留下两位学生。教导主任以英语考试作为"最后期限"。这之后,通过尝试"电影教学法"和"音乐教学法"提升口语和听力,辛锐和徐志强在班级同学的合力帮助和支持下,通过了英语考试,顺利留在了振华中学文科班。

案例2:

《春风十里不如你》是改编自作家冯唐的小说《北京,北京》的一部电视剧。故事背景设置在20世纪90年代一所顶尖大学的医学院之中。剧情的一开始,来自天南地北的同学首先被统一安排进行军训。

场景 1. 女生宿舍

同学 A:要单从长相上来说,小白排第 1。

同学 B：我没觉得他(指小白)傻啊。我觉得他特别 open。

小玉:Open? 小白跟"打开"有什么关系啊?

(全体女生瞬间安静,看着小玉)

小玉:我,我没说错啊。Open 不就是打开开启的意思吗。Open the door, open the pen, open the bag.

(全体女生忍不住笑了出来,小玉仍然一脸茫然)

同学:太逗了,你是不是在逗我玩啊。(选自电视剧《春风十里不如你》第 2 集)

场景 2. 女生宿舍

小玉:这是什么书啊?

妖刀:GRE(美国研究生入学考试),美国原版的。

小玉:可以给我看一下吗?

(妖刀将书递给小玉)

小玉:全,全是英文的啊? GRE 什么意思啊?

妖刀:God! 你不会连 GRE 都不知道是什么意思吧? 那你学习这么多年英文,是用来干吗的啊?

小玉:干,干吗,考试啊? 我英文考试成绩可好了。高考的时候考 94 分,全县第二呢。

妖刀:英文可好了是吧,行。来,过来过来过来,那我来考考你。打开抽屉。

妖刀:按播放键。

(小玉手指在复读机上的 play 键游走,迟迟没有按下去。

妖刀按下 play 键。复读机开始播放英文,语速较快)

妖刀:听听看,看他说的是什么?

小玉(面露难色):她,她说得太快了。

妖刀(关掉复读机):说得太快了是吧,那行,那我再考考你。

(妖刀从抽屉中拿出一本英文教材)

小玉:这本书我读过。

妖刀:那你翻开随便念一句。

小玉:This is my family, my family...(这是我的家,我家……)

(小玉的口音让宿舍中的其他女生忍不住笑了出来)

赵英男:妖刀,你别难为她了。

妖刀:我这是教她认清事实的真相。(妖刀学小玉的口音将刚才的句子再次重复了一遍)小玉,你这是哑巴英语你知道吗? 就像你这样念,再念 16 年也还是这样。God!

(小玉眼中含着泪水坐回自己的座位)

赵英男:妖刀,你是不是有点过了。

妖刀:不是,我这是实话实说呀。就她这口音(妖刀欲言又止)

赵英男:小玉,妖刀跟你开玩笑呢。其实你英语挺好的,就是再努努力肯定能追上她的。

小玉:追? 以前我在我们县中学,都是人家追俺,想追还追不上呢。俺拿到录取通知书之后,我们县电视台还来采访了。我去省城的时候,乡长,书记都来我家送我。

赵英男:我知道,我知道你特别优秀。

小玉:我到这儿来,怎么还成垫底的了。

赵英男:没有垫底,你想多了。走,吃饭去。没事,她就是跟你开玩笑呢。走,吃饭。

　　(随着同学们纷纷起身去吃午饭,小玉仍然委屈地坐在桌上。画面中响起画外音:"学霸小玉的故事,在我们周围司空见惯。后来我们才明白,这就是城乡差别,与小玉本人无关。")

　　(选自电视剧《春风十里不如你》第8集)

　　上述选取的两个电视剧,情境设定为不同的年代和不同的年龄阶段,但均不约而同地将英语,更准确地说将英语的语音和语调作为"识别和展现社会身份"的文化资本。在文章《资本的形式》中,皮埃尔·布迪厄(2005)指出,文化资本有三种形式存在。具体的形式,即以精神或肉体的持久的"性情"的形式存在;客观的形式,即以文化产品的形式(如图片、图书、词典、工具、机械等)存在;体制的形式,即以一种客观化的、必须加以区别对待的形式存在(如我们在教育资质当中观察到的那样)。之所以要区别对待,是因为这种形式使得文化资本披上了一层完全原始性的财富面纱。上述案例中出现的流利的言辞,连同审美趣味、教养等,可视为身体的表达,是身体形式的文化资本。身体形式的文化资本是具体的个性化的秉性和才能,是惯习的一部分。当我们形容某个人具有品位、气质、格调,或是性情高雅、气度不凡、谈吐儒雅等时,我们即是称赞其具有"较高价值的身体化文化资本"。不同于经济资本和社会资本,这一类型的文化资本隐而不显,无法通过馈赠、买卖和交换进行当下的传承,更主要的是通过耳濡目染,依靠内化受教育者的惯习才得以传递。文化资本的积累需经由培育日渐养成,这一方面需要时间的累积,另一方面文化习性、品味和情趣的内化部分依托经济资本、社会资本的转换。个人的文化品位与其社会地位相关联,在不经意中泄露和表达了行动者的社会位置。文化品位成为行动者的阶级、社会等级归属的无形标志(张意,2017:575)。相反,如果一定的社会等级并未能体现出与之对应的文化品位,就会引发不同程度的热议和争论。语言发音属于文化资本中的身体表达,被认为是文化品位的一部分,可以透露出行动者的社会归属和社会身份。2015年4月,小米科技在印度首都新德里的新品发布会上,董事长兼CEO雷军在台上用英语和台下的印度"米粉"进行互动。因为英语口音和相对简单的用词,在国内引发人们的热议。刘洪波(2018)发现,在中国,有着一种对外语,尤其是英语的"标准崇拜"。英语在中国本身就代表着"高素质",标准的英语尤其可以代表优雅、高尚和风度。标准的英语不仅是个体英语水准和能力的表征,同时也是显现个人修为和文化品位的重要组成部分。通常标准的英语被认为是"皇室英语、伦敦腔或标准美语",并受到人们的尊崇。在外企工作的陈辰认为,电视剧《欢乐颂》中的安迪并不符合她心目中都市精英女性白领的形象,"我个人觉得中国电视剧里塑造的女白领还是有些不像。我后来又一直在想为什么,我觉得是电视剧中出现中英夹杂的部分时英文讲得不好,因为我会觉得在职场一个真正优秀的 top leader,讲英文应该是非常的 strong。但大部分我们的女明星在讲英语的时候我会觉得讲得不好,会让我非常出戏"。

将英语尤其是英语的语音和语调与个体身份紧密依傍,这既是社会观念的媒介镜像,同时也在潜移默化间塑造并强化了特定群体的刻板印象。在多个小说、电视剧、电影中,通过"标准"的英语和带有口音的英语反映城乡二元发展结构中不均等的文化资本积累,并成为在城市与乡村的日常交互和碰撞中制造优越感和深化自卑感的要素。透着乡音的英语是小玉、辛锐、徐志强等人成长环境的烙印，但同时被用来强化"宏志班"、"县城"等身份标签。借由英语的语音和语调，所谓的"城里人"被塑造为文化资本的拥有者，而"乡下人"被简化为文化资本的匮乏者，和所谓的"土气"对应在了一起。"土气"与"洋气"，已成为人们生活中经常出现的日常语汇。朱虹（2008）指出，"土"和"洋"之分，不过是传统与现代之分、城市与乡村之分、共同体与社会之分，是两种身体体现出的两种文明下的不同的生产和生活方式而已。但是当我们提到"土气"时，却似乎带着几分藐视的意味。在案例2中，小玉知道"open"有"打开"的意思，但因为不知道"open"也有"开放"的含义而遭到周围同学的哄笑。这一情节设计在一定程度上反映了人们对于乡村的认知想象：踏踏实实、一板一眼，但在流动的全球化浪潮中缺乏足够开放的视野和灵活度去应对。同样在电视剧《你好，旧时光》中，辛锐与徐志强的班主任和教导主任回忆起二十年前初次进入振华中学做老师的情景。当时名牌大学毕业的老师也同样用"瞧不起"的眼神看着他们。两位老师在自我介绍结束后表演了一首英文歌曲，被当时的老校长语重心长地说："我说你们俩的英文这么烂，是怎么混到我们振华来的。"教导主任回忆起这一幕时不禁感慨："这一晃都二十多年了。"

除了表现出文化资本的区隔，影像文本同样通过英语，尤其是英语口音表现个体的蜕变。在剧情中，辛锐和徐志强采用积极的策略发奋学习英语，通过英语考试并顺利留在了振华中学。在电视剧的后期，有几处情节特意着墨了辛锐的变化：她可以在班级课堂中自信地朗读英语、被邀请在学校的广播站英语之声节目做主播、因为成绩的进步获得了英语老师的充分肯定，并对其英语口语尤为惊叹："这段时间我想在座每一位同学都看到了辛锐同学的努力。不过我还是非常吃惊，辛锐的口语竟然也提高这么多，可见她背后付出了很多我们没有看到的努力。"如果说通过英语考试意味着可以继续留在振华中学,后期辛锐所展示出的流利的、褪去乡音的英语口语,表明她已经具有了和城里其他学生一样甚至优于他们的语词能力和文化意识。同样,在电视剧《春风十里不如你》中,通过一段画外音对小玉的未来有一个简洁的表述:"N 年后,我们再次遇到小玉的时候,她已经从上海医科大毕业多年,并且成了华东地区最大的进口医疗器械的经销商。她的办公室就在东方明珠的对面,可以俯瞰黄浦江和新外滩。"这段对小玉的描述中,小玉从事的职业"华东地区最大的进口医疗器械的经销商"说明了这份工作对国际商务通用语言英语有较高的要求,并且小玉可以游刃有余地胜任这份工作。"东方明珠对面,可以俯瞰黄浦江和新外滩"的办公室坐标是小玉精英身份的体现。这些均在说明在这段艰难的城市社会化历程中,在以激烈的抗争手段(剧中小玉自杀,因抢救及时救回,后休学一年考入上海医科大学)回应所面对的结构性压力之后,小玉成功地褪去了"土气",积累了足以使她获得自信和尊重的多元资本,实现了社会地位的跃升。英语,尤其是一口地道且流利的英语口语在某种程度上被认为是具有说服力的,可以体现社会身份的符码。

二、"鄙视链"——区隔的进阶与泛化

美国社会学家 Ann Swidler(1986)将文化比作一个工具箱,人们策略性地使用其中各种象征资源展开行动。但媒介信息的选取并不是一个随意的过程,并不是所有目之所及的讯息均可视为想象生发的来源,成为用于展演的素材。受众会选择性地抓取有意义的媒介信息并依此来建构想象。而处于鄙视链上游、站在鄙视链高位处的资讯是其中一个选择依据。

　　"鄙视链"最早是由《南方都市报》2012 年 4 月深圳杂志"城市周刊"推出的专题文章中所提出的概念。它将一系列文化活动和商品进行了等级排序，位于同一链条中的不同层级对应不同的偏好模式和文化能力。"鄙视链"概念一经提出即引起社会热议，并在此基础上提出了更多领域内的鄙视链。这一概念的提出在很大程度上源于对社会现象的洞察，它将社会中或自发或被动形成的等级差异以显现的形式表现出来。概念的扩散和流行也在一定程度上说明了这是具有一定社会共识的认知和评价系统。

　　"鄙视链"所反映的，是自我和他者的一种关联。自我和他者一直处于动态的互动之中。主体性作为文化身份的核心，产生于个体与他者的比较与反思之中。而"鄙视链"中的文化层级和等级区分为个体的自我认同和看待他者提供了一个参照系。在"鄙视链"中，越是在"鄙视链"的前端，越被认为拥有更多的资本能力。这里的资本不仅限于文化资本，同时也包含经济资本和社会资本。相反，越是位于"鄙视链"的后端，被认为所持有的资本能力越弱。"鄙视"作为串联其间的情感特质，将处于层级前端对后端他者的态度认知进行了概括。对于他者产生"鄙视"态度的同时，意味着自身因为掌握特定资本能力而产生了心理优越感。

　　在众多的优越感中，包含因为"国际化"而产生的优越感，这在由网友总结出的"鄙视链"中可以看出。诸如：电视剧鄙视链〔英剧＞美剧＞日剧＞韩剧＞港剧（中国香港）＞台剧（中国台湾）＞内地剧＞泰剧〕；电影鄙视链〔冷门国家文艺片＞欧洲文艺片＞日韩台（中国台湾）小清新片＞老港片（中国香港）＞好莱坞大片＞内地片〕；音乐鄙视链（古典音乐＞欧美爵士乐＞欧美摇滚音乐＞内地摇滚音乐＞内地网络流行歌曲＞说唱＞喊麦）；动漫鄙视链〔欧美动漫＞日本动漫＞内地动漫＞港台动漫（中国香港、中国台湾)]等。①

"国际化"既是在经济全球化的宏观环境下,不同民族和国家跨越国界,在政治、经济和贸易上的往来;也可看作因文化全球化而生发出的相应思维、情感和行为方式。在"鄙视链"这一特定语境中,"国际化"可理解为在经济和文化多因素的综合促发下产生的生活品位、消费逻辑和文化态度。以"剧迷鄙视链"为例,"剧迷鄙视链"可归类为主观认同信息鄙视链,因为它内含的每一个身份都来自参与者的主观选择,选择的依据主要是个体的情感和兴趣。这种选择有"品味"建构的意味,而决定品味高低,也即鄙视链序列顺序的一个重要原因是对现代性的追逐(吴斯,2018)。黄淑贞(2012)对美剧在中国的传播进行探讨时发现,在中国广泛传播的非本土电视剧,已经形成了基本稳定的社会评价,各种外来电视剧迷群体之间也形成了等级梯度。这一等级梯度与世界经济格局大体一致。除却经济地位所赋予的话语权之外,经济发展程度更高的地区也更容易制作出更为精良的电视剧,从而凝聚更高的文化资本。这其中,美剧所展现的所谓现代的语言(英语)、现代的生活方式以及现代的价值理念,让它的中国观众感到自己与其他国产剧、韩剧、港剧(中国香港)迷不一样,由此产生了身份上的优越感。

对于某些特定身份的人群而言,出现在美剧中的英语,由于其强势文化所赋予的地位,事实上成了"与国际接轨"的方式之一。人们希望通过消费这种象征高文化资本的媒介内容,为自身赢得身份性的文化资本(黄淑贞,2012)。这里所说的消费,是个体对所持有文化资本的占有和利用。文化资本的占有本身就预设了对技能与能力的占有。从名义上看,每一个人获得合法文化资本储

① 摘自"鄙视链"的百度百科。

备的机会都是均等的,但实际上这种机会只属于那些有办法占有它们的人,或者换句话说,只属于那些有办法解读它们的人。而英语就是获得并占有文化资本所需的必要知识和能力之一(格雷厄姆·默多克,2005)。与英语相关的知识和技能也成了个体身份展演中具有标识性的、可产生区隔的重要"道具"。展演的途径是多样的,包含但不限于英剧美剧的观看。《南方都市报》在对鄙视链的解读中提出,"听不懂 BBC、ABC? 没关系,打开放着在那响也让你与众不同";"阅读处于杂志鄙视链顶端的《时代周刊》《纽约客》等原版英文杂志,是'生活品质'的彰显"。这其实传递出了一种理念:即便没有把控特定文化资本的禀赋和资质,但并不妨碍将其征用以展示个人的审美旨趣。直接使用英语这一语言媒介进行身份整饰也是途径之一。之前提到的《欢乐颂》中的舒展即为一例。Henny 是一家全球连锁咖啡店的咖啡师,在平时的工作中,他接触到不少喜欢用英语点单的客户:"有的人点单就全英文说,点完在等的时候和身边同事朋友就用中文聊天说事情;有的是喜欢几个关键词说英文,比如拿铁说 latte,卡布奇诺说 cappuccino。我到现在听到最好玩的是有个人跟我说:我要一杯 grande 的馥芮白咖啡。"随着英语在中国的普及,说英语、解读英语文化早已不再是特定群体所独有的文化秉性。这就对使用与英语相关的知识技能提出了更高的要求。而为了进一步与他人形成分野,展现出文化涉猎领域的多元和文化资本储备的丰厚,人们开始趋向于更为"精英化"和"小众化"的英语表现形式。譬如,不少喜欢英剧的人给出的理由通常是"耳朵只接受伦敦音",在提及英剧名和角色名时要一律使用英文。这一条准则也适用于游戏玩家,"(游戏名称)能说英文名的绝对不说中文";"如果这个游戏的名字有大家常用的简写称呼,你就用它的全名。如果这个游戏的名字大家都称呼它的全名,你得写它的简写"。

第三节 学习榜样和学习意识的媒介制造

初次结识访谈者李斐是和朋友去她所开的服装店选购衣服。朋友和李斐两人彼此熟悉，说话也很随意。在朋友试衣服的同时，两人从衣服款式聊到当前时尚趋势，又很自然地将话题切入明星街拍。当被问到最近比较喜欢谁的街拍时，正在叠衣服的李斐立刻表现得很兴奋，"江疏影啊，我以前也没太注意她，最近不是在追《花儿与少年》吗，我看她英语说得好好"。一听到"英语"二字，我立刻产生了兴趣。

> 李斐：……节目里大家从机场一出来要去租车，她立马到租车点跟人家说我们要租车，需要什么什么样子的，就非常流畅，不是那种磕磕巴巴的。
>
> 我：明星说英语会让你觉得很圈粉吗？
>
> 李斐：圈，很圈。……但前提是她英语要说得好，至少要流畅吧。我特意搜过，她之前在英国留过学，那会（英语）是自然而然的，是本身技能。有英语作为本身技能可以了，但我对此的要求也会更高。你留过学的（英语）肯定没问题，那我就会听你讲得好不好听，有没有抑扬顿挫行云流水……

在访谈过程中，不少访谈者和李斐一样提及公众人物在真人秀节目①中的英语表现。而当前，越来越多的国内真人秀将活动

---

① 真人秀作为一种电视节目类型，是对自愿参与者在规定情境中，为了预先给定的目的，按照特定的规则所进行的竞争行为的记录和加工。在内容上，真人秀节目是真（真实）与秀（虚构）的一种结合；在形式上，是记录性与戏剧性的一种融合；在传播方式上，是观看与参与的互动（尹鸿，2005）。

情境设定在国外。例如亲子互动真人秀《爸爸去哪儿》第二季和第三季最后一站的活动地点分别设置在新西兰和澳大利亚；《花儿与少年》属于大型明星自助远行真人秀，明星在没有经纪人、助理，且生活费有限的情境下组队在意大利、西班牙等地旅游；《极速前进》的节目设定为环球竞速真人秀，参与者全程途经全球各大洲多个国家和城市完成节目设置的挑战等。在节目中，当参与者为完成某项特定任务或为实现某个共同目标而展开一系列行动时，他们不可避免地会与当地人发生交流和互动。小到一条路线的询问，大到一个协作任务的完成，作为国际通用语的英语在多数时候成了真人秀节目中保证活动顺利进行的一个重要媒介工具。而用英语交流的过程同时也会被摄像镜头全程记录。部分真人秀节目也会特意设计一些环节专门考验参与者的英语水平。例如，明星户外竞技真人秀节目《奔跑吧第二季》第一集将活动场景设置在奥地利首都维也纳，参与的演艺明星需要在联合国可持续发展目标之青年倡议论坛上用英语进行演讲。在和他人展开英语交流时，参与者的英语表达是否准确流利、仪态举止是否自信松弛、关系是否融洽等会被摄像机记录，均可能成为感染观众、评判其个人魅力的重要细节元素。演艺明星黄晓明曾因"not at all"引发大众对其英语能力的质疑，但在经营体验类节目《中餐厅》中，黄晓明展现了较为流利的英语表达。如用英语招揽客人；向客人推荐中国菜；纠正他人不正确的英语表达等。在听到黄晓明和外国顾客的英语对话后，坐在一旁的父亲特意对女儿说："你看是不是英语要学好，这个英语说得很舒服，回家好好学。"

不少访谈者对于明星子女在亲子互动真人秀中所展现出的英文水准印象深刻。在看第二季《爸爸去哪儿》节目的时候，吴倩就对黄多多的英语水平啧啧称赞："小朋友英语说得溜，和谁都能聊，交流起来一点障碍都没有。我那时候看节目就很喜欢她，还特地关注了她爸爸妈妈的微博，不夸张从头到尾看了一遍。看完发现这个孩子是真好啊，知书达理的。才多大啊，又能翻译英文书，又是能写英文诗。教育得真是好。"另一个被访谈者多次提及的是第一季《爸爸回来了》中的王元也（节目中多称呼其英文名 William，威廉）。当发现我对该节目并不十分熟悉后，李杰拿过我的电脑找到节目中威廉说英语的段落给我看。该期的节目标题为"爸爸回来了之 neinei 遭遇怪蜀黍，威廉秀国际范"，强调了可能会引发观众兴趣、产生记忆点的两个情节。在节目中，威廉和父亲两人在北京花鸟市场中遇见一名来自西班牙的游客 Marcos，威廉不仅主动承担起游客和商贩间的翻译工作，并和游客用英语从西班牙足球聊到篮球、网球、纳达尔、李娜、蜥蜴、《自然传奇》、生物学家等多个话题，长达 40 分钟。威廉告诉 Marcos，他从幼儿园开始学习英语。Marcos 对于威廉只学习两年英语就能达到如此水平表示惊讶。在播放这段节目的过程中，视频上同时出现网友所发的弹幕。看到其中一条弹幕"发现自己这么多年的英语白学了"时，李杰笑着说："是我的心声。"

开办青少年英语演讲培训的丁冉告诉我，经常会有家长带着孩子过来询问参加英语演讲培训的意义。一开始她会将英语演讲的好处有条理地罗列，并按顺序依次解释。但后来她发现，将青年明星作为例证通常可以取得较好的宣传效果。"我和他们说王源、关晓彤在联合国用英语发言，而且谈吐气质很自信很好。往往这么一说小朋友就比较有学习的欲望，家长听了也会觉得演讲这东西不是虚的，是很实在的技能。"在幼儿英语培训机构做英语老师的 Molly，会在朋友圈发布机构的宣传广告："有次我同事发朋友圈,配图是演员沙溢的儿子安吉,好像是一张在家里做作业的照片。我同事把照片放大,作业本上写的是自然拼读的练习题。那条朋友圈的文字是:'大家知道他在学什么吗? 他在学自然拼读!'就是提醒孩子家长要去学自然拼读了。家长也会觉得我们学的东西明星也在学,估计就会更有一些认同感。"

除了说英语,真人秀也会呈现出公众人物学习英语的真实状态。Tracy 说她印象最深刻的是在生活服务纪实节目《向往的生活》中演艺明星李冰冰的表现。当了解到其中一位主持人刘宪华有海外学习生活经历,李冰冰在之后的如开车、洗菜、包饺子等多个场合,主动提出和他用英语对话。这些场景出现的同时,屏幕上同时显示后期文字特效,如:"真的不放过任何时间"、"任何成绩都需要努力和付出"等。李冰冰也在节目中表达了自己对于学英语的个人体悟:"主要是因为我在学英语的路上真的付出了太多,然后呢太多太多的打击。打击完了然后再站起来,再学吧,就这个过程,太痛苦。"Tracy 说,"李冰冰给我印象太深了,她就利用任何的机会讲英语……我后来了解到刘宪华是从国外留学回来的,英语很优秀的。所以她肯定觉得这是一个很好的机会,来锻炼自己的英文能力。她当时在节目里就不停地讲英语,连一起坐车也和他讲英语。(主持人)何炅都叫她放松点。所以我觉得,她是一个很励志的人。后来跳过这个节目之后,我才发现她是真的想学英语,利用一切的机会去学英语。"

有文章曾将明星的英文水平依次分为"垫底水平"、"初级水平"、"后来居上者"、"用心打磨者"、"被媒体夸大的英语水平"、"佼佼者"等。通常,优异的英语水平被认为具有"国际范"。这一说法被认为是明星塑造的"人设"之一。"人设"是近年来高频率出现在网络中的一个流行词汇，即"人物设定"的简洁表达①。在某种程度上，"人设"和社会学家欧文·戈夫曼所提出的印象管理具有一定的相似性。在著作《日常生活中的自我呈现》中，欧文·戈夫曼（2008：5—6）指出，个体有时会按照一种完全筹划好的方式来行动，以一种既定的方式表现自己，其目的纯粹是为了给他人造成某种印象，使他们做出他预期获得的特定回应。但另一方面，他人并不是全盘被动地接受个体所传递的信息。他人知道个体也许会以一种对他自己有利的方式来表现自己。因为他们也许会把亲眼看见的事件分为两部分：一部分是个体相对容易随意操纵的，主要是他的言语表达；另一部分是个体看起来几乎没有留意或加以控制的那部分，主要出自他流露出来的印象。对于同样经历过或者正在经历英语学习的学习者而言，他们知晓英语能力的驾驭并不是一蹴而就的。用林旭的话来说，"这是实打实的真功夫"。所以，如果某位公众人物原本英语水平欠佳但现在可以用英语侃侃而谈，不仅会被认为具备"国际范"，同时会被认为是"用功"、"有毅力"、"积极上进"的典范。后者对于绝大多数人而言，是积极且理想的形象标签。

---

①　"人设"一词最早是动漫、游戏中"人物形象设定"的简称，用来表述设计登场角色的人物造型、身材比例、服装样式，不同的眼神以及表情，并表示出角色的外貌特征，个性特点等。随后延伸到其他文艺创作领域，并逐渐成为网络用语，指某人的社会形象。

第四章　市场话语中学英语的情感召唤

> "此书将作为我青年奋斗的激励"
> "好孩子!"
> ——摘自图书馆所借阅的《东方马车:从北大到新东方的传奇》书扉页上两位匿名读者的留言

在著作《话语与社会变迁》中,诺曼·费尔克拉夫(2003:6)指出,在许多国家出现了一股将市场延伸到新的社会生活领域中的高潮,而教育部门就是其中之一。这一变化会深刻地影响并冲击这些领域中工作者的行为、社会关系,以及社会身份和职业身份。而冲击的相当部分构成了话语实践中的变化,也就是语言中的变化。例如在教育中,人们发现自己处于压力之下,必须从事一些新的活动——它们在很大程度上由新的(类似于市场行为的)话语实践所限定,并且必须在现存的(诸如教学的)活动范围内接受新的话语实践。这包括"改变"行为和关系的"名称",如将学习者变成"消费者"或"客户",课程变成"课件"或"产品"。它还包括对于教育的话语实践——教育所使用的话语类型(文类、风格等)的某种更加精细的重新构建。

中国真正的"英语热"始于 20 世纪 80 年代初。20 世纪 80 年代以来,英语不再局限于依赖外语院校和综合大学英语系(专业)的培养,开始在中国的大中小学广泛普及,从那时开始,中国的年轻一代几乎都接受过普及性英语教育。1981 年,中国第一次允许美国教育考试中心在中国一些大城市设点举办 TOEFL(托福)英语考试,吸引愿意到美国留学的中国学生参加美国面向全球的大学生入学英语水平考试。随后,GRE(美国大学研究生入学考试)、GMAT(美国大学工商管理专业入学考试)、IELTS(雅思英语考试)、BEC(剑桥商务英语考试)在中国设立考点。国际英语考试考点在中国的设立,掀起了一股又一股国际英语考试热潮。出国留学、进入外资企业工作、晋升职称等成为这股热潮重要的直接推动力(牛道生,2013:245—246)。

教育市场一直敏锐且迅捷地捕捉、呼应并推动民众对于英语逐日高涨的需求。在香港读完教育学硕士,Jacob 和他朋友两个人在市中心一家写字楼里租了一间办公室,创办了一家培训机构。在给机构取名时,他和朋友各自在手机里写下五到六个想法,再共同决定了一个更为通俗易懂和朗朗上口的机构名。名字中蕴含着他们对"优秀"、"优质"的期许。Jacob 告诉我现阶段机构一年的营业额在 150 万左右。以一对一托福和雅思考试辅导为主,目前一年能够招收到 50 名左右的学生。对于机构未来的规划,Jacob 说他并没有非常明确的目标。"我们也没指望做成多大的品牌吧,毕竟品牌号召力肯定不如大机构。现在招收的多是高中生,但我们市场推广主要走高校这一块比较多,做讲座发传单。讲座主要做的是英语学习分享,或者雅思托福介绍啊,出国留学规划等等。但大学生看这种机构都很多了,他们也听了很多这种讲座,你就觉得有时候现场热情就这样。"在 Jacob 看来,英语培训市场最难的就是招生。"有些人他不打算出国,但他也过来听(讲座)。大部分人听了当时会有兴趣,但你喊他报课他又不一定会上课。"在 Jacob 眼中的"大机构"工作,教授 TOEFL 和 GRE 已经三年的贝琳老师告诉我:"现在(英语培训)机构数量也非常多,就是红海。包括已经形成规模的连锁机构,还包括个人以自身名气开办的工作室,每个人就在想自己的资源能做成什么样子。机构非常多,但都没有形成垄断。"

英语培训市场的"红海"状态从 20 世纪 80 年代"英语热"生发初期就已经逐步显现。持续高涨的英语教育需求,随着资本的不断涌入,滋生并培育出一个庞大的英语教育市场产业体系。教育市场所提供的,不仅包括"各种书籍到电子词典、复读机的贩卖;各种各样的教育器材,以及五花八门的培训、各种名堂的考试"等(朱鲁子、杨艾祥,2004:195),也同时制造并散播着与学英语相关联的一系列话语。在这一章节中,研究将从市场学习方法宣传、学习过程激励、学习目标确立三个方面探讨市场英语学习话语。

第一节　学习方法宣传与群体情感表达

改革开放以来,人们的日常生活中不时出现"热浪",包括"魔方热"、"飞碟热"、"拉力健身球热"等。其中"外文热"一时间使得学外文的书籍成了抢手货,买书的人在书店前排起长龙。"逐渐地在我们中国,一件事物引起众多人的兴趣、关注,争先效法,也称作'热'了"(杜日新,1991:28—29)。而与"外文热"相伴的,是以培训机构为主导的市场源源不断地推出并形成风潮的英语学习方法和学习理念,诸如"逆向式英语"、"四轮学习法"、"双向式英语"等概念层出不穷。对于许多英语学习者而言，英语学习过程同时也是接触并尝试多元英语学习方法的过程。

一、"炽热"的英语学习方法

2003 年初，新浪网英语频道、《京华时报》(招生专版)、择校网外语频道联合推出了"我最喜爱的语言学校 TOP 人气指数排行榜"调查活动。在这份调查榜单中，评选出"十大知名英语培训机构"、"十大潜力英语培训机构"、"优秀热门英语学习方法"、"优秀雅思学校"、"优秀口语培训学校"、"优秀商务类外语学校"、"优秀青少年类外语学校"、"优秀等级类英语学校"和"优秀特色类英语学校"。其中，"李阳疯狂英语学习法"、"三维循环特训法"①、"邓泽口语雕刻法"②、"华尔街多元学习法"③、"江博激情

---

① "三维循环特训法"是指"一人教、二机练、三实战"。戴尔国际英语将"会英语"定义为"习惯性而非背诵性地运用英语进行交流"。其中"一人教"指适应广大中国学生的外教面授，"二机练"是指一对一多媒体人机对练。学生可根据自己的水平、节奏和时间，进行人机互式交流，使性格内向或因为英语基础偏低而羞于启口的学生能够面对机器大胆开口说话，积极参与戴尔英语的互动式教学，变被动接受为主动获取。"三实战"是指学生在由外教主持的戴尔国际英语论坛上进行实战演习。戴尔英语不仅提供"教练"，还提供"运动场"和"赛场"，将"教、练、战"循环反复，直至将英语变成学生的第二母语。

② "邓泽口语雕刻法"指出传统教学中着重说话内容，很少像播音、相声、表演、台词课那样对学员的嘴进行更高效的训练，所以口语、听力几近盲区。邓泽发现多数人有舌头、嘴唇等生理不足的症状。尤其是平时说汉语时不注意吐字清晰、发音到位的人，因为口腔肌肉的用进废退，造成动作能力不足，学外语时会暴露出口齿笨拙无力，无法让语音、词句流利地从嘴里吐出来。但通过口齿能力的针对训练可以矫正问题，有效提高外语学习效率。

③ "华尔街多元学习法"旨在综合英语的"听说读写"四大技能，全方位提高学员的英语水平。学员可以随时随地学习英语，不受时间和空间的限制，在自己方便的时间段学习英语。学员可以到华尔街英语中心全英语环境中练习英语，可以通过多媒体互动课程来学习词汇、语法及特定情景中的表达，并在实际生活应用练习。

英语联想法"①和"ABC 音标教学法"②被共同评选为"优秀热门英语学习方法"。

　　2018 年,在一家商场的儿童游乐园区,我随机采访了一对父母。父亲做生意,母亲全职照料家中的两个孩子。当时夫妻二人正在游乐园的等待区看着年纪较小的弟弟在游乐设施间穿梭奔跑。20 分钟后,全家人就要离开,驾车去附近的新东方泡泡少儿英语接姐姐回家。在这次较为随机的访谈中,我通过这位母亲第一次了解到当前一种较为流行的英语学习方法:"现在英语不从字母开始学了。现在孩子不像我们那个时候是从 ABCD 开始学,从句子开始学,直接就是句子。"因为时间紧,我未能和这位母亲进一步探讨她所说的学习方法。在这之后,当接触到更多的家长,我逐渐了解到这位母亲所说的,是当前市面上一种流行的英语教学法则——"自然拼读法"③。同时,我也在更多家长的带领下了解了

---

　　①　1999 年 3 月,江博开创了新东方新概念培训部。在新东方有"激情江博,激情新概念"的说法。"激情联想阶梯式"学习模式:坚持激情是原动力,而联想是学习成功的法宝。提高英语听说读写能力的过程,实际就是提高语言联想速度的过程,江博将这种联想巧妙地融入英语学习的每一个方面。在教学过程中最大可能地进行有效的实用单词纵向与横向的联想与扩展(九大联想与记忆法)、口语句型功能性联想与扩展(交流习语及实用精美句型的扩展、联想与超级模仿);英语听说读写全方位联想突破。

　　②　"ABC 音标教学法"认为想要从根本上解决"背单词"的问题,应当从英语本身最基础的"音标"入手,真正了解英语单词中发音和词形的对应关系,记住发音便可以较为轻松地写出词形,同时更有利于培养学习者的语感。然后再在积累过程中使用"词根"、"词缀"记忆法等才能真正解决学习者的问题。在这整个过程中,音标的基础是重中之重。

　　③　"自然拼读法",又称"英语自然拼读法"。英语自然拼读法通过直接学习二十六个字母及字母组合在单词中的发音规则,建立字母及字母组合与发音的感知,让学生了解和学习英语字母组合的奥妙,掌握英语拼读规律,从而达到看到单词就会读,听到单词就会拼的学习目的。

在当前同样具有较高热度的学习方法——"分级阅读"①。

不同时代下流行的学习方法，有其各自独特的阐发视角和延展框架，但却享有共通的目标：学好英语。一个方法从其提出、推广，到被学习者接纳和采用的过程，同时也是群体传播的过程。在众多方法的推广中，"李阳疯狂英语学习法"可以被认为是其中的佼佼者。

1994年，李阳组建了"李阳·克立兹国际英语推广工作室"，工作室的英文译名为"STONE—CLIZ"，即通俗意义上更被大众所知的"疯狂英语"。欧阳维健在《中国教育报》发表文章《李阳和他的疯狂英语》，对"疯狂英语"的内涵进行了解读："STONE意为石头，里程碑，李阳寓意为石头般顽强、坚定。CLIZ，读为克立兹，脱形于CRAZY（疯狂）；克，克服、攻克；立，立定、挺立；兹，这里，在此。STONE—CLIZ，如石头般顽强坚定，克服困难挺立于此。其中不乏疯痴之情，却少有癫狂之意。"在文章中他同时引用《辞源》中关于疯狂的解释，指出李阳的"疯狂"同时包含其对事业的十分投入，忘我追求（欧阳维健，2001）。在李阳所编著的多本教材书中，专门对"疯狂"进行了注解："疯狂"代表着人类超越自我的精神，代表着对理想的执着追求，代表着对事业忘我的全情投入，代表着不达目的决不罢休的激情。人一旦有了这种疯狂，做任何事都可以成功，何况攻克英语！

"疯狂"的意义型构是多面的。但从学习方法的角度而言，"疯狂英语"将"喊"作为一种高效的、具有标志性的英语学习方式。关

---

① "分级阅读"是按照少年儿童不同年龄段的智力和心理发育程度为儿童提供科学性的和有针对性的阅读计划。分级阅读概念产生于对少年儿童生理和心理特征的科学分析。少年儿童在不同的成长时期，阅读性质和阅读能力是完全不同的。

于为什么要"喊"英语，李阳解释是因为，"真正跟外国人说话的时候，因为一紧张，最大声就变成了正常的音量。最快速就变成了优雅的语速，最清晰就变成了含含糊糊的英语最高境界"（张元，2002：115）；"喊的时候精力特别集中，能把你的人生潜能都开发出来，克服心理障碍"（张元，2002：142）。"心理障碍"在李阳看来是"怕丢脸"。"斩断后路"、"置于死地而后生"是将"脸面"置于并不重要的地位。对于中国人而言，"脸面"文化深入人心，已经成为一种普遍性的心理及行为。鲁迅将"面子"视为"中国精神的纲领"（鲁迅，2016：171—173）。林语堂在著作《中国人》中将"面子"连同"命运"和"恩惠"比作统治中国的"三位女神"（林语堂，1988：170）。所以当李阳将中国人的脸面文化与英语学习相互关联，将中国人的面子文化视为英语学习中需要克服的困难，是造成"哑巴英语"等社会现象的原因时，引发了学习者的认同，激发共情。

"疯狂英语"将相对抽象的"面子文化"凝练为多个具体的、口号式的学习理念，诸如："重要的不是现在丢脸，而是未来会不会丢脸"、"要想有面子，必先丢面子"、"英语的进步越大；脸丢得越多，脸皮就越厚；脸皮越厚，英语就说得越好"等。在这些口号中，"脸"、"面子"、"face"等概念以混合杂糅的形式高频率出现。翟学伟（2016）指出，"脸"和"面子"两者之间存在着"个体性偏向"和"社会性偏向"上的差异。他将"脸"定义为一个个体（或群体）为了自己或者相关者，在迎合某一社会圈认同的共认价值时（有时这个社会圈是暗示性的，未必真实存在），通过一系列有利于自己或相关者的手法或功夫，在一定社会情境中表现出的符合他人期待的形象。而"面子"是重视脸的个体（或群体）在做出一系列符合他人期待的形象后，判断他人的评价与自我期待是否一致的心理过程，其基本目的是获得自己在他人心目中的序列地位的提升，其外在效果在于社会赞许的程度。所以，"脸"涉及个体通过行为的印象整饰。而"面子"与社会互动关系较大，所偏向的是互动双方所处的关系状况。依据翟学伟关于"脸"和"面子"的分析，会发现在"疯狂英语"一系列英语宣传口号中蕴含了一个具有连续性和过程性的英语学习内在逻辑：学习者如果效仿"疯狂英语"所推崇的英语学习方式，意味着个体将不再受制于"脸"的规范，相应地也就没有了"面子"上的顾虑。而通过一段时间的操练，个体可以自如地使用英语和外国人进行交流，实现了李阳所说的"到时候买一张环球机票回报父母"、"赚外国人的钱"，"更好地传播中文"等一系列"长脸"的行为时，原先丢失的"面子"会失而复得，由此所收获的赞许、艳羡和重视等会让个体感到"有面子"。借由脸面文化，李阳将英语与财富、声望、地位之间建立起紧密的象征性关联。

　　在某英语培训机构的休息室，家居设计师 Michael 正耐心地等待着在上课的女儿。在和我交流学英语的经历时，Michael 提到了他在高中时期所经历的"疯狂英语"。直至现在，他仍然认可"疯狂英语"所推崇的方法："大声朗读肯定是好的，你大声的话，你的清晰度，你的准确性都会暴露出来。"虽然李阳并未去他所就读的中学做过演讲，但疯狂英语在当时深入人心，身边很多同学都在不自觉地效仿："早晨晚上四处都是一边拼命讲话一边走（的学生），旁若无人地去讲英语。"即便认可，身边不少同学也在积极地践行，Michael 自己却没有参与，"这种方式肯定是好的，但它得适合你个体，适合你的性格。比如说你的性格很腼腆，我怎么可能去做这个事情呢。我不可能，我不可能像李阳那么疯狂。我顶多是背着人在家里读几声"。

　　与 Michael 一样，现在是一家互联网家教服务平台的金牌教师赵明也同样认可英语要"喊出来"这一学习理念。在他所就读的县城初中，英语老师从入学起就要求学生在早读课上大声朗读，"我平时说话声音是比较小的，温和一点的，初中的时候就是温和大叔那一型的。但是我读书的时候是声音很大的"。他同时分享了一个故事，"我早读一般会戴着耳塞读。有一次很尴尬的是，英语老师进来之后他让全班暂停了，我戴着耳塞听不到，我只知道自己的声音，读了十秒钟全班看着我，我同桌实在看不下去了就拉了我一下。比较忘我"。在短暂的十秒多钟，赵明成了被老师和同学所围观的对象。戴着耳塞高声朗读英语因为显得很突兀，引起了周遭的集体注目。这让赵明感觉到"尴尬"。但在李阳看来，为了学好英语，这样的"尴尬"不足挂齿。不能因为"不好意思，别人一说闲话就不学英语了"。

鲁迅曾说，"脸"有一条界线，如果落到这线的下面去了，即失了面子，也叫"丢脸"。不怕"丢脸"，便是"不要脸"（鲁迅，2016：171—173）。与之相似的是，"疯狂英语"中的"疯狂"是指为了学好英语，人须放弃"界线"观念，即没有所谓的"脸面"。但如何准确地界定这条"界线"，是一个被悬置的问题。"界线"和"脸面"一样，似乎一直是一个不言自明的存在。在不同的情境和意义空间中，"界线"也会随之灵活地舒张和伸缩，抽象且微妙。每个意义空间的生发和运行，是置身其中的主体和与之相关联的各种社会关系等汇聚、重组和建构的结果。人际传播的核心是关系，任何传播活动均是在一定的关系下发生，传播过程潜在地巩固或改变着人与人之间或人与世界之间的关系（刘海龙，2014）。中国人建构起来的看人、看社会、看世界的基本方法均带有关系性，其相应的思维特征也是关联性的。所以，中国人是关系取向，也叫关系本位或者关系主义（翟学伟，2017）。与"脸"、"面子"相关联的议题，也必然脱不开社会关系这一因素的考量。不论是"丢脸"、"露脸"、"不要脸"

抑或感到"有面子"、"没面子"等,是依照特定情境下主体和"在场"的他者所共同决定的,是多元社会关系连结下多个主观感受的汇集。

在这一意义上,李阳所散播的学习方式并不是简单意义上声音分贝的提升,更多的是在社交圈中形成"忘我"的状态。"忘我"所指代的,是忘却置身于纵横交错的社会关系中,人情建立起来的社会网络中的那个"我"。在以他者为主导的关系取向下,传统中国人通常会敏感于别人对自己的批评意见。老是要顾全"面子",要有"脸",希望在他人的心目中保有良好的印象。所以,在行为举止上必须"时时注意和每一个交往者的特定关系,以决定其情面施与的范围"(翟学伟,2008)。赵明认为自己在课堂上高声朗读英语课文的状态是一种"旁若无人"和"忘我"。因为没有遵从老师的要求,未能及时注意到周遭安静的氛围,自己高声朗读英语的状态被完全展露在他人面前,这让他感到尴尬和无所适从。而"疯狂"学英语的个体,不敏感于且不需要他人正面或负面的评定。在多数情形下,个体在公众场合的英语学习,或低声吟诵,或佩戴耳机默读等,这些举动遵从公共空间秩序且并不会招致周围人的侧目和议论。但是,如果在公共场域中持续地以较高的分贝"喊"英语,并配合手势的挥舞,甚至喊出诸如"我一定成功"、"我热爱丢脸"、"享受成功,锻造辉煌"等口号,这无疑是将学英语转换为一个社会性的、戏剧性的展演。"喊"这一行为本身成了一种"聚光灯式的可见性生产技术"。通过"喊英语",个体主动选择从相对"隐藏的"在场转换为"可见的"在场,成为引发围观、被公共目光审视和评价的观看对象。"喊英语"也由此成了一个"奇观化"的戏剧性表演,标示着个体不受制于社会和文化的规约,随心所欲、无所顾忌地宣泄对于英语的热烈情感。

二、学习方法的群体传播与情感共振

在蓬勃的英语培训市场所推出的琳琅满目的英语学习方法之中，研究选取"疯狂英语"作个案研究，其主要原因不仅在于"疯狂"是李阳和其工作室所推广的一种全新的英语学习方式，更因其已成了中国人在"特定的历史当口展开的话语实践"。与"疯狂"相关联的话语在社会上广泛散播，引发震荡并形成了独特的文化景观。在多个"疯狂英语"的宣传现场，基数庞大且背景迥异的中国英语学习者形成高度的凝聚力，其壮观使得"疯狂英语"现象极具视觉表征意义。更为重要的是，诞生于20世纪90年代的"疯狂英语"，在一个特定的历史节点和社会环境中占据中国人学英语的支配地位。它显现于人们的行为方式，渗透进流行的社会观念，成为具有影响力的社会话语，成为国人对于狂热英语学习的集体记忆。这些社会话语在当前虽然已日渐式微，甚至对于当下部分学习者而言，"疯狂英语"已经显得陌生。但围绕"疯狂英语"的激情、狂热、热望、盲从，和与之相关联的行为方式、社会观念等，并没有被逐渐淡化和边缘化。并且，由其所发生的彼时历史时空，以隐性的方式穿插并显现于当下，深嵌并渗透进如火如荼的、由英语热潮所牵引的社会机理之中。

在访谈过程中，有访谈者带来了有关"自然拼读法"的书籍并推荐我购买阅读。当我以一名顾客的身份进入英语培训机构了解情况时，会有前台的工作人员指着宣传手册上所写的"自然拼读法"告诉我该机构可以提供权威、系统且透彻的方法教授，或是带我参观机构内部摆放不同难度等级的英语阅读书的书架，这是"分级阅读"学习法的专业性体现。机构针对学习方法的多方位宣传，配合人们的笃信，既是"疯狂"的镜像再现，也使"疯狂"的意义超越了英语学习本身,成了与英语"热"时代高度呼应和契合的符码意向与象征资源。在分析与"疯狂"相关联的话语叙事后,一个更为直观的问题是:为什么"疯狂英语"依凭相对单一的宣传个体和轻捷便利的宣传工具可以产生近似于"魔弹论"所描述的迅速、神奇、有效的强传播效力,使基数庞大、背景迥异的中国英语学习大众感受到不可抗拒的力量,产生了万人追随的英语学习态势。

"疯狂英语"的传播和推广过程,被形容为"千里走单骑":拉着装满音响设备和英语教材的"大篷车队",穿梭在城市和农村"游学"式地推广疯狂英语(吴丽玮,2012:104)。1999年,导演张元拍摄了一部关于疯狂英语的纪录片《疯狂英语》。影片记录了在6个月间,李阳在大庆铁人纪念馆、北京太庙、清华大学、长城、上海外滩、湖南隆回县、新疆乌鲁木齐等全国多个地点举办的一系列英语学习的宣传演讲。在电影的多个场景中,"偌大的体育场,要不就是礼堂,座无虚席——准确说应该是站无虚席,数以千计的年轻人以咆哮的表情,张牙舞爪,做着同一个动作,甚至还有人挥舞着荧光棒和发光板,其亢奋程度不亚于听周杰伦的演唱会,而引领他们的那个人就是李阳"(文莉莎,2010)。《纽约客》称李阳为"英语届的'猫王'、'英语播种机'、'教英语口语的魔术师'、'语言教育领域的摇滚明星',可能是全世界唯一一个能让自己的学生学英语激动到泪流满面的人"(Evan Osnos,2008)。这一系列称呼意味着在传授英语学习理念和方法的同时,李阳具备诱发和煽动人们行为激情的现场感染力。

1995年,薛丽还在江西省的一个县城读初中,她的表叔在广州工作的时候,听了一场李阳的现场演讲。"我表叔是一点都不懂英文,但他听完之后非常非常激动。我表叔学历不算高,初中就辍学了。他想到说我们家有小孩在上学学习英语,就觉得一定要把李阳的想法传达给下一代小朋友。他就买了一整套的产品，有书有磁带，主要以磁带录音为主，好像还蛮贵的。我表叔给我的时候就一直跟我说你一定要好好学英语，这个老师好厉害好厉害的，你跟他好好学，你一定能学得很好啊。我把磁带都听完了，就叫《李阳疯狂英语》……所以我应该是在我们小县城比较早就知道李阳的。因为当时李阳没有在小城市，都是在大城市做宣讲的。"薛丽听的磁带中不仅收录了李阳现场演讲的内容，还包括现场的欢呼声，"他会很煽动性地说，大家跟我说（英语）。他会要求人们跟他学着说（英语），但大家怎么说就没有录音录进去，磁带那一版估计是载体有限就裁掉了。但当时听完我就特别能够理解为什么我表叔一个这么不懂英语的人听李阳能听得这么嗨。就是有点像在演唱会的感觉"。

　　一提到李阳"疯狂英语"，赵明就立刻激动地拍了几下桌子："你知道我上初中的时候 150 块钱是多少钱吗，他（李阳）跑到我们县城，励志报告嘛。最后买了一套书，150 一套，好贵！我当时 1 个月的零花钱可能也就 50 块钱。我现在唯一记得里面的一句话就是'我也是'，so do I。因为当时我还没学过这个句型。他的那个听力是纯美式，我就跟着读啊，但也没坚持几天。"因为初中阶段成绩优异，排名位于年级前列，所以李阳在学校举办的那场报告赵明被安排坐在比较靠前的位置。一开始，他埋头做练习册，并不关心台上发生了什么。但后来因为"他（李阳）嗓门特别大，实在写不下去了，就开始听他说话"。赵明说直到现在，当时的一个场景仍旧历历在目："他拿出一个手机，把话筒凑到手机边，开始和老外聊天。外国人说了一句话，但以我当时的水平我并没有听懂。李阳好像也没说什么样的话，但当时在我们这些没见过世面的'土包子'眼里，就感觉哇他跟老外说了句 Hello，说了句 What are you doing? 关键是他把 what 和 are 连读，很口语化的表达，不是我们平时咬文嚼字，一个词一个词读的感觉，我当时就觉得这个人好厉害。"最初与人群形成一定疏离感的赵明最终被李阳所感染。

　　向我描述当时演讲场面的 Molly 告诉我，在现场她也和周围的同学一样无比投入地高声说英语。加布里埃尔·塔尔德（2005：214）曾指出，"并非一切从脑到脑，从心到心的交流，都必然要建立在身体临近的基础上……当舆论潮流形成后，公众组合的条件越来越不依靠身体的临近"。即便是听磁带中李阳演讲现场的欢呼声，薛丽也和她在现场的表叔一样，情绪被调动和感染。正如古斯塔夫·勒庞（2015：16—17，37—39）所言，群体是用形象来思维的，也只能被形象所打动。一个事件中不同寻常的、传奇式的一面会给群体留下特别深刻的印象。李阳在自身英语学习过程中所展现出的"桀骜"、"大胆"、"钢铁般的意志"等是"疯狂"的诠释和注脚，呈现出一个栩栩如生的、具有说服力的英语学习者的形象，这在聚集的群体中更具有不可抗拒的支配力。

　　在多个演讲现场，为了调动现场观众"喊"英语，学员被要求边"拍手掌"边快速且高声地朗读英文，或是在演讲现场用音箱播放一段音乐，要求现场观众在音乐中高声朗读英语。李阳会在音乐播放完毕后向观众询问阅读的次数："他是多少遍？34 遍。我是25 遍。能够达到 15 遍以上的举手！15 遍啊！看我来做个示范。大家听啊，来，我来试一下，就像这样。三最法则最重要的是'最清晰'，一定要在最清晰的情况下'最大声'。"除此之外，部分学员会被邀请上台，和李阳用英语进行"赛声"，即对李阳所说的英语进行复述。随着李阳声音的逐步提高，学员也相应地提升自己的音量，并且效仿李阳的动作——在说英语的过程中用手指近距离指向对方，试图通过声音和动作两个方面压制对方的气势。不同形式的

"喊"将英语学习表现为一种持续性上扬波动的"躁"。声音的集体高亢，配合动作的同一性，将英语学习转化为群体性操演的"模拟行为"和"戏剧姿态"，在群体中激发出迅速扩散的激情和热情。

形象的建构同时可以利用词语和套话。勒庞（2015：87—91）认为，断言法、重复法和传染病在用观念和信念影响群体的头脑时最为重要，也十分明确。作出简洁有力的断言，不理睬任何推理和证据，是让某种观念进入群众头脑最可靠的办法之一。一个断言越是简单明了，证据和证明看上去越贫乏，它就越有威力。得到断言的事情，通过不断重复会进入我们无意识的自我的深层区域，行为动机正是在这里形成的。在"疯狂英语"宣讲的现场，多数学习者除了声音高亢、整齐划一地喊英语，同时不断重复着诸如"I enjoy losing face"、"要想有面子，必先丢面子"、"老师，打击我吧"、"挫折就是存折，苦难就是教育，失败就是训练，伤害就是能量"等短促且齐整的口号。过程中，为了进一步调动热情，李阳会技巧性地"举着话筒，把每一句话的倒数第二个字拖长音，让观众接最后一个字"。王朔（2002：1—5）将李阳疯狂英语的现场比作一场"誓师大会"和一种"煽动"：把一大群人集中，用嘴让他们激动起来，就能在现场产生一股排山倒海的力量，可怜的人也会顿时觉得自己不可战胜。埃里克·霍弗（2011：171）曾指出，"感情奔放的胡言乱语和响亮的口号，要比逻辑无懈可击的精确言辞更能引起失意者的共鸣"。呈现出"疯狂"状态的英语学习者被认为是"失意者"是一种以偏概全，"疯狂英语"社会风潮下的英语学习者更多的是"希望感知者"。在彼时的当下，他们不可避免地感受到一种难以抗拒的力量，被自我命运急遽且大幅度改变的希望和可能性点燃了学习英语的热情。而"疯狂英语"的学习方法成为可循的路径，是可见的被允诺的希望。

第二节 学习过程中的成功学话语框架

中国"英语热"的持续离不开英语培训市场的蓬勃发展。市场不断推陈出新,生产出林林总总的概念意象,建立起一套完整且成熟的英语学习叙事体系。这其中除了强调专业性、实用性和高效性的学习方法,在学习过程中心灵鸡汤的广为散播和"励志偶像"的批量生产也成为市场话语另一个重要性特征。

一、心灵鸡汤的话语扩散

2010 年 11 月,《新周刊》杂志以"谁告诉我怎么活? 青年导师面面观"为主题,列举了当前时代的 32 位青年导师,其中有 3 位与英语教育培训紧密关联。新东方英语学校"三驾马车"之一,时任天使投资人的徐小平被称为"人生规划师","疯狂英语"的创始人李阳被称为"疯狂英语教主"。两人共同归属为"硕导级"。新东方英语学校的创始人俞敏洪属于"博导级",被称为"全民外语时代的励志导师"。在同一期《新周刊》所做的"谁影响了你的成长"的青年导师调查中,有网友提及了新东方英语学校的老师对个人发展所产生的影响。"@a 旅行的蜗牛:俞敏洪老师吧! 如果说一个人的成功最大的源泉是自己,那我想俞老师的演讲是在最必要的时候给了人最需要的自信心";"@杨释:老罗。'老罗语录'让我初步学会了独立思考,懂得用自己的眼睛看世界,不人云亦云"。

在一定程度上,新东方可以看作英语培训机构"心灵鸡汤"话语风格兴起的开端,并使话语风格系统化。新东方全称"北京新东方教育科技(集团)有限公司",作为中国首屈一指的教育培训学校,新东方已经成为"出国英语考试培训"的代名词,更成为一个标志着应试培训成功范例的符号。"新东方"所从事的英语和出国培训，传授的并不是高深的理论和思想，而是一套应试的技巧和方法，以传授知识和训练技艺为主要内容。每年进入北美留学的留学生需要通过由 ETS（美国教育考试服务中心）所组织和管理的 TOEFL 和 GRE 考试考核。ETS 的试题具有一定的标准化和程式化，计算机的考试形式进一步提高了标准化的程度。"新东方"的成功在于针对考试进行认真分析研究，将其解析为几大基本要素，并找到其中的逻辑联系和变化规律，总结出应对的方法和技巧并传授给学生（杨跃，2006：34—35）。如庖丁解牛般精准地针对多门考试进行内容解构和规律剖析，新东方深刻影响了中国英语培训产业的整体行业走向。学员经由培训，在各类考试中取得的分数成为衡量机构水准一个明确且显现的指标。多数英语培训机构会设置一块区域展示任教老师的资历和优秀学员的个人履历，其中的内容几乎均涉及在各项英语类考试中所取得的成绩。

此外，在培训过程中，有意识地讲授和灌输"励志故事"、"生活哲理"等，成为新东方的制胜法宝之一。考试规律的技术性肢解，配合励志的话语慰藉和激励，形成了以"心灵鸡汤"为导向的课堂话语风格。而这种鸡汤化的话语类型也随着新东方影响力在社会上的逐步扩散，成为市场机构在英语传授过程中惯常使用的话语运作技术。

"心灵鸡汤"一词源自美国作家杰克·坎菲尔德写作、策划出版的一系列名为《心灵鸡汤》的书籍，它们通常由具有启发性或激励性的短篇故事和哲理散文组成（汪凯，2017）。在中国，"心灵鸡汤"有受欢迎的独特社会心理基础，即它是中医原理的隐喻。"心灵鸡汤"的"配方"，是那些具有哲理的语录、励志的小故事、幽默卖萌的段子，加上绵密的煽情和抒情文风，字里行间充满了道德的自我感动(黄月琴，2016)。新东方的英语教学特征分为三个流派，以俞敏洪为首的"激励派"，以胡敏为首的"学院派"和江博的"激情新概念"英语。"激情派"一定程度上近似于"激励派"。"激励派"的主要特征是：讲究课堂气氛，讲究调动学生高昂的学习状态，在枯燥的英语学习中注入幽默、笑话、知识、人生激励，把苦行僧般的生活变成追求人生目标的一个有趣过程，把新东方营造成为努力、奋斗、成功的精神象征(卢跃刚，2002：23)。卢跃刚在《东方马车》中摘取了罗永浩写给校长俞敏洪的求职信。信中罗永浩依次列举了新东方的"招聘要求"。其中包括新东方老师须"具备较强的幽默感，上课能生动活泼"，"具备较强的人生和科学知识，上课能旁征博引"，以及"具备现代思想和鼓动能力，能引导学员为前途奋斗"(2002：34—35)。现阶段自主创业开办英语培训机构的William曾在新东方早期做过一段时间的英语老师，他用六个字形容新东方的授课特质："励志、激情、幽默"。

《东方马车》中有几处提到了新东方早期相对艰苦的学习环境："从冬天到夏天，那个塞满四五百人的地方从来没有空气清新过"；"夏天热的时候，条件差的教室没有空调没有电风扇，要准备成车的冰块拉到教室，三四块冰块放在讲台上"；"北京到处挖矿修路，有的地方供电不足，教室经常停电，新东方每年都要准备上万支蜡烛，上百个煤油灯，哪停电往哪运。新东方的老师几乎每人都有停电点蜡烛上课的故事"等。多数访谈者虽然并未经历过新东方成立初期时的课堂，但有的也曾经历过在条件相对艰苦的培训课堂中学习英语的经历。因为打算出国读商学院方向的研究生，庞乐在大学二年级结束的暑假报名了新东方的GMAT班，"上课地点在离市区很远的地方，因为报名的人很多，就把学生全部都带到那个地方去。就有点像新生入学一样，一开始在门口登记，给你分发书啊,分发物品。我去了之后,整个人都呆掉了。上课的话就在一个特别老式的大教室,有很多很多人,一排座位挤7—8个人,大家跟煮饺子一样,书包都没地方放,只能放腿上。几个小时的课你想出去上厕所几乎不可能,因为你要突破重重人海。看了一下课程表,就感觉课程排得特别满。早上七点多钟一直上到十一点多钟,吃个饭可能觉都来不及睡,下午就要一直上课到晚上。还有晚自习。我去那个课堂待了一下就不想学了,和我一个宿舍的同学都是大三大四的,就说你才大二你学什么啊,你学得太早了,建立了我想回家的信心,第二天就退班回家了"。上百人济济一堂"煮饺子"般的课堂在当前已经越来越少。小班化教学、一对一VIP教学也成为培训市场的主要授课形式。学习者在机构的学习体验被更加重视。Jacob的培训机构特意在入口设置了零食柜,上面摆放着各类糖果、饼干和饮料等零食,学生通过扫描柜台上的二维码即可以实现在教学点的零食购买。更为适宜的学习环境,并不意味着市场中鸡汤话语的减退。"学习模范"依然会频繁地出现在英语课堂上,并且随着社交媒体的发展,成为机构在品牌宣传上的主要策略之一。

　　一种语言被保护、选择或是被推广既有利益驱动的实用性动机,也和情感结构如自豪感等,有着紧密的关联。两者之间可能彼此冲突,也有可能具有内在的一致性(Duchene and Heller,2012;Darvin and Norton,2016)。"心灵鸡汤"能够产生共鸣,在于精准地捕捉大众的内在欲求。对于多数学习者而言,英语是被寄予命运改变希望的重要扳手。在高强度和高密度的学习过程中学习者不免会感到乏味、枯燥和斗志的倦怠,而鸡汤式话语对学英语系统性的包装和渲染,成了适时出现的"情感安慰剂"。

二、励志偶像的话语形塑

在英语学习的心灵鸡汤式叙事框架中,"蜕变"成为反复出现的意指线索。根据新东方改编的电影《中国合伙人》中有一幕情节,孟晓骏向"新梦想"的创始人陈冬青提问:"你有梦想吗?……我呢负责签证咨询,王阳教美语思维,其实这些都是技术竞争力。你觉得新梦想的核心竞争力是什么?……我不确定你到底有没有梦想,你要明白的是,没有人比这样一个 loser 校长去讲梦想更有说服力。"俞敏洪的个人经历,经由课堂、书籍、巡回演讲等宣传形式,对于很多英语学习者而言已耳熟能详:历经三次高考进入北大,在高手如云的北京大学外语系是不被看重的边缘人物,同班同学和朋友中唯一没有出过国,但是却缔造了"新东方",成为"民间力量的一个符号"和"出国梦的缔造者"。在俞敏洪个人经历基础上所总结出的"新东方精神"——"追求卓越,挑战极限,在绝望中寻找希望,人生终将辉煌"中,"绝望"和"希望"形成了鲜明的情感对比和跨越。与之类似的是,在"疯狂英语"的全国巡回演讲过程中,李阳不仅传授英语学习方法,也多次向观众叙述自我成长历程和部分优秀英语学习者的学习经历,并表示:"我(李阳)最喜欢的故事就是:出身卑微的人,家境贫寒的人,通过奋斗,成为一个震撼世界,为国争光的人";"过去的经历越悲惨,未来的故事越性感"。话语中的"蜕变",多为一个原初状态较为平凡甚至弱势的个体因为英语学习实现了向资本集结的成功人士的身份转变。这里的资本既包含物质财富等具象的经济资本,也包含文化智识。人生境遇和社会地位的戏剧性变化,具有更为充沛的情感动员力量。初始的社会境遇越是类似于甚至低于学习者的预期,越可以使其更加强烈地感知到自我改善的可能性,产生重新组织自我经验的意识。

在多个英语学习的场域中,心灵鸡汤的话语文本反复出现。这一类型文本的叙述者,连同出现在鸡汤话语中的人物,不局限于俞敏洪、李阳等被大众耳熟能详的明星教师。不少访谈者都曾将当时机构授课的英语老师,或是在学习过程中所了解到的优秀学员视为成功典范。

虽然没有去新东方学习过,但朱濛仍将新东方作为自己所接受的"第一锅鸡汤":"新东方我是自己没有去,我几个同学去学了都说效果特别好……学(习)回来的人讲的是他们的老师有多牛,过往的经历是多传奇。那里的老师从美国回来的啊,从英国回来的啊。那时候可能对那个年代的我们是打开思路了,开阔了我们的眼界……我们那个时候好像这一类的偶像很少。而且这种很平民的,就是属于你能够达到的,你稍微努力一下你能够达到的,这类偶像以前很少。但是新东方那里确实给大家介绍了很多,包括俞敏洪自己本身就很励志,就是个普通人,然后做啊做就做得很好,他确实就引领了我们那一代很多人。"

在国外电信公司做销售,年假回国期间在朋友创办的英语培训机构兼职做口语老师的何晖回忆起当时备考 GRE 在培训机构所接触的英语老师,仍记忆犹新:"那时候某某很厉害,英腔美腔印度英语什么都会。他上课会给我们念诗,我记得仓央嘉措的诗是他第一次念我才知道的。他就深情地朗诵了一段'转山转水转佛塔,不为修来世,只为途中与你相见'。他一背完,课上有一个人就哇的一声,然后全班就都在哇哇地叫,崇拜到不行,就还是蛮厉害的。当时觉得他简直无法企及,自己可能这辈子都不会变得这么牛。但是后来就真的比他还厉害了,哈哈也没有比他还厉害啦。他其实很厉害,只是他会的东西你在出国之后你发现自己也慢慢会了。"

在外企从事人力资源工作的 Linda 分享了一个令她难忘的课堂细节。大学期间她主修英语专业，毕业后在一家英语机构教授过一段时间的托福口语。某天课间休息，她打开电脑中的音乐播放软件，在教室随机播放几首英文歌曲。很快，坐在后排的几名学生跑到讲台前，用手机拍摄投影在黑板上的歌单，这一举动吸引了周围的同学，他们也纷纷拿出手机拍照，坐在前排的几个女生请 Linda 将歌单上下滑动方便她们看到更多的歌曲，没有拍照的同学让拍好照片的同学将照片转发或是一并传到班级的 QQ 群中。这些举动让 Linda 感到意外，"说实话我不觉得自己是一个听歌很有品位的人，那天就是把我平时听的歌放给他们听想让他们放松一下，他们就说老师你英语这么好，你放的歌肯定也很有品位，我们就想看你平时听什么歌，对学英语肯定也有帮助"。

鸡汤式话语不仅为广大英语学习者呈现出由英语使然，可被效仿的、获得成功的路径，使其从中寻求情感的激励和共振，同时也提供了具有可行性的技术操作路径，强调学习者的"进取心"。不同于传统意义上主体命运变化被戏剧性夸大的话语模式，多数话语主体展现出了在学习过程中非凡的自我掌控力。在某种程度上，作为偶像和成功典范的英语学习者类似于洛文塔尔所说的"生产偶像"。这些生产偶像"作为可以被模仿的成功榜样来看待的。这些生活故事无疑将成为教育模式"。

大学毕业在一家日企担任八年会计工作的 Narissa，是我在某个培训机构与学员闲聊过程中好几名学员向我极力推荐的优秀学员，"我们都说要学她，感觉她都要住在机构里了"。每周五天工作日，Narissa 会选择其中三天在下午五点半下班后，驾车从郊区到市中心的培训机构学习两小时的英语（通常为晚上七点到九点）。周六和周日一早她就来到机构上课、参加英语角、坐在电脑前自学课程，"基本上泡一整天"。我和她的访谈约在机构附近的快餐厅。当时正是吃晚饭的时间，她只点了一个冰激淋，计划和我聊完后继续回去学习。

  Narissa：我感觉有些人比我更有毅力，我算浑水摸鱼了。我并没有像其他人一样真的是很刻意地在背单词，很努力，我没有。我有一段这样的时间，那段时间确实英语提高得非常快，后来我就懒惰了，我就维持在我现在的水平而已。但有的人真的是很有毅力。某某就是从最基础的级别开始学，现在已经在美国教小朋友英语了。她学了大概也就一年到一年半的时间，但英语提高得非常快。她的动机也很强，就是一定要去国外教小朋友学外语，把工作辞了全职在学英语。她确实也做到了。她现在42岁了。早上一早就来，学到晚上十点十一点才回去，回去还接着学。提高得太快了，后面她绝对远超于我。还有一个女孩也厉害。她之前是一个护士，现在在做同声传译。她一开始是边工作边学，后来就辞职不工作了，每天就在学英语，学英语。她们两个还上新闻报道了。这两个人我都见过，护士以前和我还是一个级别的。我觉得很愧疚。

  我：我觉得你已经很厉害了。

  Narissa：我真的不厉害，真的不用功。我只是来得频繁，一直保持在正常的口语水平我就OK了……其实我觉得很多人学英语毅力还是不够强大，大部分不太能够坚持。有的学员，花了那么多钱来报名这个英语，我刚开始并没有觉得什么，以为大家都一样，会经常来上课，经常来打卡。后来发现不是这样的，可能上上就走了。因为大家都不在同一个级别，我不能确定你来还是不来，但就是感觉有很长时间没有看到你了。介绍你的那几个学员其实也不常来。她们也是有时候来,有时候不来(笑)。我那次就听这边的顾问在说怎么提高老学员的出勤率。

虽然因为各种原因未能按时上课坚持学习,但向我推荐Narissa 的几位学员仍将她视为学习榜样,在推荐她的同时也表达了自己未能如她一般的懊悔情绪。被学员视为榜样的 Narissa 也有自己的学习榜样,她认为她们有着明确的学习动机和坚定的学习意志,甚至产生了与她们相比自己的英语学习只是按部就班、"浑水摸鱼"的想法。虽然鸡汤话语连同其塑造的典范和偶像并不能对受众产生同一的、理想的行为塑造效果,但却可以持续地对学习者产生诱导和刺激,知晓在英语学习中收获成效需自律、坚韧、勤奋以及具备优秀的自我管理能力。

第三节　作为修辞技巧的世界主义

除了学习方法的宣传和学习过程中的激励,市场机构同时不断激发学员对于学习英语的目标认知:学英语意味着流动可能性的获得,超越所身处区域的限制。具有阐发性的概念"世界主义"被诠释为"国际素养",成为机构的宣传措辞,作为英语学习目标中的重要元素和叙事核心。

一、世界主义概念及其内涵

中国人学英语的热潮也与全球化的世界宏观形势相关联。"全球化"这一术语 20 世纪 80 年代才开始被人们广为使用。它暗含着一种发展、过程,一种趋势和一种变化,涵盖了当代政治、经济、社会和文化的各个方面(王宁,2014)。流动(fluidity)是全球化时代的重要特征之一。流动带来了前所未有的文化接触、对话、交汇、互融；思想的碰撞与交锋；主权的缺失与强化，等等。流动也在一定程度上模糊了"此地"和"彼地"、"本土"和"全球"的界限。在多元素的"流动"情境下，整个世界给人一种万物共生，你中有我，我中有你的大千景象（范可，2015：110）。即使人们可能长期生活在一个相对固定的区域，但他们依然能在不同程度上感知世界的移动和文化的延展。阎云翔（2016）曾对中国人在麦当劳餐厅的消费进行观察，发现作为一种社会空间，快餐店代表着一种新的价值观念、行为方式和生活关系模式，有效地营造出了不出国门的"文化情境转换"，让受众体验到当下瞬间的移民感，激发了对于世界的想象。随着信息时代电子传播技术的发展，时间和空间的概念也随之重组。处于互联网连接的个体将充分体会到置于时间和空间的无所不能（Kien，2009）。不论是资本流动、商品流动、实体的商品消费，还是空间上的文化情境转换，抑或媒介和互联网产生的虚拟消费，文化他者愈加频繁地渗透进个体的生活，流动也将全球文化图景以前所未有的广度和深度展现在个体面前（孙文峥，2018）。越来越多的学者开始考量，多元文化的碰撞、交流、融合会使个体产生怎样的思维、情感和行为方式等。而世界主义为问题的解答提供了重要的思考路径和理论框架。

从诞生之日起，世界主义①就具有较大的阐释张力和解释空间。陈秀娟（2010）指出，就目前来说，世界主义本身还不是一种固定的理论或学说。它有时被看作一种哲学观念，有时被看作一种

---

① 公元前4世纪，犬儒派哲人迪奥格尼斯（Diogenes）认为自己并不隶属特定的城邦，而是"一个世界公民"（the citizen of the world），这被普遍看作世界主义理念的雏形。英文中所说的世界主义（cosmopolitanism），从其字面意义来看，是由cosmos（世界、宇宙）和polis（城邦、城市）两个词组合而成。秉持世界主义观念的个人被称为"宇宙的公民"（cosmopolitan）。

社会理想,有时被看作一种考察和分析社会问题的视角或方法论,有时也被看作一种有着强烈的现实诉求但缺乏实践的基础的政治设想。虽然这些观点各执一词,但它们都拥有一个共同点,即"均认为某个时期一套完整的政治见解必须将世界看成一个整体"。人类学家 Ulf Hannerz(1990)关于世界主义的定义被广泛应用。他将世界主义定义为一种文化态度,一种和他文化互动的意愿,对于多元文化秉持智识和美学的开放性立场。世界主义同时也意味着个人所具备的能力:即通过聆听、观察、感知、反思进入他者文化,并获取其意蕴内涵的能力。针对旅游业的发展尤其是人们对境外旅游的热忱,John Urry(1995)在 Hannerz 的基础上提出美学世界主义(aesthetic cosmopolitanism)的概念。美学世界主义的关键特征包括广泛的地点流动,对于他文化秉持好奇和欣赏,并从中获得反思性观察和判断,能对他文化进行诠释的语言表达能力等。Urry 将美学世界主义作为个体所具备的文化秉性(cultural disposition)。秉性(disposition),也被译为性情倾向,是法国社会学家布尔迪厄所提出的概念。在布尔迪厄看来,性情倾向包含结构和倾向两层含义。处于不同社会结构的社会群体在对特定事物、事件的认知和理解上有其独特性。Ian Woodward 等(2008)从中得到启发,提出概念——世界主义倾向(cosmopolitan disposition),指在全球文化的背景下,特定社会群体形成了与之相应的思考、感知和行为方式。

　　早期关于世界主义的研究中,少数高学位、高收入并且在世界各地高频流动的文化和商业精英通常被认为是具备世界主义色彩的典范。诸如 Kanter(1995)提出的"世界阶级"(world class),Kirwan-Taylor(2000)提出的"全球性商业寡头"(cosmocrats),Calhoun(2002)提出的"频繁多地的旅行者"(frequent travelers)

等。随着关于世界主义研究的逐步深入,有学者将视线转向了难民、离散、外劳等社会群体。该群体的特殊性在于和他者的相遇以及世界主义观念的形成,在很大程度上并不是出于自身的自由选择或是抱有热忱的态度,而更多的是出于生存的必须性(Pollock, Bhabha, Breckenridge and Chakrabarty, 2000)。当前,"定栖的全球本土化者"(the sedentary glocals)成了研究者关注的重点(Skrbis, 2004)。这一群体既不隶属全球精英,也不是在全球范围内流离失所的离散群体,但该群体基数庞大,有着相对固定的社交网络和生活地点,和他者的接触主要通过消费、互联网络或者偶尔的旅行等形式实现。研究对象的演变也映射出时代的变迁。在信息互联时代,电子传播技术的发展使得身处其中的个人或社区能够强烈地感受到信息延展的广度和深度。世界主义的产生已经不仅缘于地点的流动,还有消费品的流动、信息资讯的流动和思想的流动等。世界主义已经成了现代社会生活的一个重要特征。研究主体的变迁也反映出世界主义已经不再是一个乌托邦式的缥缈和虚幻的理念,而是个体在实践和执行中切实生发出的对他者、社会和世界的认知、理解和想象。

Youna Kim(2011)与在英国伦敦学习和生活 3—7 年左右的中国、韩国和日本女性交流后发现,在旅居伦敦的过程中,她们经常听到人们夸赞其具有世界主义特性。但对她们而言,世界主义是一个模糊的、含混不清的概念。在谈及她们所理解的世界主义时,三个国家的女性均提到了英语的作用。她们将英语视为必需的经济和社会资本,是求职的重要砝码,帮助她们在全球化都市中构建专业化的职场形象。流利的英语及背后所承载的国际化意识是获得人们艳羡、形成区隔的资本和智识。这也使她们心目中的世界主义更具有实用性倾向,更注重个人风格的探索。学英语、通过媒介感知世界、独自出国生活工作等对于这些女性是一种超越。她们产生了关于全球他者的想象，希望突破原本固有的女性形象，突破社会对女性自我发展的限制。LiAnne Yu（2014）在对当今中国消费模式进行分析时也指出，基于自我探索和自我实现基础之上的中国青年正呈现出独特的消费生活方式，包括以"小资"文化为主要特征的享受型消费（indulgence）；以"另类"、"DIY"等为主要特征，依靠媒介建立起彼此连接的新部落型消费（neo-tribes），以及世界主义型消费（cosmopolitanism）。其中，世界主义型消费包含境外旅行、海外移民、驻外工作、全球媒体和进口食品的消费等。消费内容包含但不限于以英美为主导的西方文化，当前中国消费者对一些亚洲国家的生活方式同样产生了强烈的兴趣。日本、韩国等亚洲国家的音乐、电视剧、时尚、博客圈等成了新的消费热点。这也反映出当代中国人正通过多样的方式体验更为多元的消费文化。而在众多关于世界主义的消费例证中，外语学习，尤其是英语学习是中国人世界主义消费的重要实践之一。Yu 指出，职业发展是中国人学习英语的一个重要驱动力。在她所交流的中国学生中，绝大多数更倾向于未来能在跨国企业发展工作。跨国企业被认为可以提供更好的薪酬待遇，接触到更具创新力的商业和技术理念。英语作为国际间通用语言，作为语言全球化与文化全球化的典型，学英语也成为中国人和世界交互连接的重要行为。

二、广告宣传中"世界主义"元素的解读

Ulrich Beck（2002：79—80）曾列举出十三条可作为分析世界主义的实证指标，包括：文化商品、双重国籍、政治、语言、流动、传播方式、旅行、参与跨国组织或行动、犯罪活动、跨国生活方式、跨国信息报道和覆盖、国家认同、生态危机。虽不尽全面，但这十三

条准则在很大程度上包含了将自我和他者连接的社会文化因素。在这十三条准则中,语言,尤其是作为全球通用语言的英语,在很多人看来是帮助实现更具效度的文化商品消费、更便捷的地点流动、更深度的跨国信息报道阅读等行为实践的基石。这在访谈过程中,多数访谈者将语言视为"工具"的论断中可以看出,"英语其实说到底就是一工具,但你没这工具还就是不行"。

我曾在新华书店遇见一位购买《新概念英语1》和《经典英语教程解析》的全职母亲 Rachel。在辞职前,Rachel 曾是一名外贸公司的外贸文员,为了获得这份工作,她在几个月内突击背过一本艰涩且较为偏门的外贸单词词典。在离开工作岗位照顾家庭的这几年中,Rachel 愈发强烈地感受到再次拾起英语的必要性。这其中很重要的原因是希望自己有能力辅导四岁孩子的英文学习(她同时也已经在给孩子物色英语培训机构)。另一方面,虽然原本背得"滚瓜烂熟"的单词已经"差不多都忘到脑门后",也并不奢望能够达到之前在外贸公司的英语水准,但 Rachel 一直希望能够通过英语获取更多的资讯:"这个世界变化太快了,现在这么多的信息都是用英文写的,你不会英语很多都不清楚它们在说什么,我还想以后出国玩的时候能交流顺利,玩得自在一些。"不少访谈者和 Rachel 秉持相类似的想法。虽然他们将英语视为"工具",但他们已经不再仅限于通过英语产生可被验证的客观效果(如获得一份理想的工作、通过一门考试、职场上实现晋升等),他们希冀通过"学",熟练地"玩转"语言,实现信息阅读和跨境旅游。而潜藏于这一愿望背后的,是对更具有流动性和延展性的思维意识、文化态度,乃至个人能力的渴求。So Jin Park 和 Nancy Abelmann(2004)指出,韩国英语学习热潮的背后,是韩国以及韩国民众在当前世界格局下的国际化追求。他们渴望通过学英语,继而成为熟知世界,可以在世界范围内生活的世界公民。同时,越来越多的英语培训机构开始将"世界"作为"学英语"目标中的一个重要叙事元素。

英孚教育(EF)曾推出一个名为"我为什么要学英语"(Why Learn English)的广告。在这段广告中,不同职业和不同年龄段的个人用1—2句简短的话语叙述了自己对于"学英语"的理解和自我期许。有的人明确地将英语视为一个"技巧"或"工具":"多一门技巧跟多一门语言没有什么不好"、"我觉得英语是一个必备的沟通工具"、"一种常用工具,所以我们永远都是要学下去的"等。有的人认为学英语已经成了一种"必须"。这种"不得不学"的意识既源于社会环境的宏观变迁和发展——不可逆转的全球化,也源于微观和中观环境的驱动——职业发展需求和个体所置身的热络的学习氛围:"在那么一个环境,我必须要学这么一门语言"、"每个城市都有,都普及了,是要学一点"、"感觉身边很多人都在学,我感觉将来有可能会用得到,趁早开始嘛"等。除此之外,更多学习者所表达的,是个人对于全球社群的感知以及置身其中所持有的主观态度、视野和经验。"想去环游世界,如果英文好的话会很便利"、"我希望能够出国去旅游,多看一看外面的世界"、"不喜欢跟团游,想自由行,所以想学些英文,(然后)旅游派用场"、"移民啦,或者需要留学啦"、"如果英语很好,我可以独自一个人去很多国家旅行啊"、"可以打开世界,接触到更多的信息"等。在表达这些期许的同时,个人秉持着对于世界的好奇和热忱,"出去以后就感到,这世界大了,看到的东西多了"、"当你跟别人去交流、去用、去发现一切的一切的时候,你就会发现是一件很有意思的事情"、"English is the language we speak to the world"(英语是我们与世界对话的语言)。

英语使更便捷的流动成为可能。流动不仅限于个人职业的晋升,也包括信息资讯的把握、旅行等流动形式的实现。学英语使人们具有了感知多元文化的能力和可能性。任何一次和他文化的碰触，都是自我边界的拓展。英孚针对"我为什么要学英语"这个问题进行了总结:"英语有多好,世界就有多大,我想为自己喝彩",并将"教育:让世界无界"(Opening the World through Education)作为宣传语。在英孚的这句广告语中,"教育"指代的是"英语"。"让世界无界"意味着通过英语,个体见证了世界,实现了自我延伸。

"世界","全球共同体"等一系列表达越来越多地出现在英语学习市场,尤其是幼儿、青少年英语培训市场之中。抽象且宏观的世界主义理念被界定为英语学习者须具备的全球文化视野,成为个人素质中的重要一部分。相关的一些机构宣传语包括但不限于:"学英语,睁眼看世界"、"语言是世界的钥匙"、"实用又有趣的课程,一边看世界,一边学口语"、"每一步与世界同步"、"培养全球少儿英语专家"、"我们希望孩子不仅能用英语讲、用英语想,更能用英语探索世界的未知"等。除此之外,部分机构的宣传册中会印有课程体系,即每个阶段课程对应相应的年龄段、学习时长、课程内容和重要进程。譬如,某机构课程在基础课程阶段,主要学习"西方经典儿歌",目标是"体验西方多元文化"。进入"高级课程阶段",学习内容为"多元主题英语学习",学习目标提升至"拓展孩子全球化视野"。

部分培训机构会特意强调教材中的"世界主义"元素。例如,有机构所使用的教材为《美国国家地理》杂志,因为可以"通过令人叹为观止的摄影图片、视频和内容来揭示世界万象",践行"将世界带入课堂,让课堂与生活连接"的理念。正如人类学家阿尔君·阿帕杜莱(2012)所言,全球化时代下的人们已经不仅生活在想象的共同体中,更生活在想象的世界中。全球化所包含的五种连接和断裂的景观:族群景观、媒介景观、科技景观、经济景观、观念景观,为世界想象奠定了基石。其中媒介最富于流动性。媒介景观中丰富的图像、文本和话语叙事的流通,使个体即使身体仍受限于他们的所在之处,却依旧能体验到当代全球生活的全景式展现和相互联系。照片所展示的"一些或惊人、或美好、或神秘、或奇特、或仅仅是不熟悉但确真实的事物",虽然碎片化,却可视为关于世界的一个定格"相面"。人们浏览照片的过程,即是一次"体验世界",不断地触探和丰富对于文化他者的理解与比较,激发"好奇心"和"敬畏"的过程。图像也成为构成世界主义话语中重要的一部分。地球出现在多个英语培训机构的广告和宣传手册中,成为关于世界的符码象征。有时,地球内部的复杂版图结构被简化,取而代之的是一些具有代表性的、耳熟能详的世界知名建筑的罗列和堆叠,诸如自由女神像、埃菲尔铁塔、比萨斜塔等。与此同时,地球或是被托举、被仰视或是被环绕,暗含着人与世界的一个组合式关系。通过学英语,个体开始了对未来多元可能性的探索。当人们用英语自如地阅读、表达、互动、感知和消费与英语相关、以英美为主体的世界文化图景时,也即超越了个体现时的所在,和更宽广的世界紧密地联系在一起。

作为本身就具有高度阐发性和延展性的概念,世界主义被包装为不同的措辞、文本、形象和画面,既作为英语学习目标中的重要元素和叙事核心,同时也成为佐证机构专业性程度的象征。在多方面的宣传内容中,市场将学英语展现为一种自我发展和自我实现的体验,与学习者之间产生情感的契合与共振。而始终贯穿于各类话语文本之中的,是机构在这一竞争高度激烈市场中的自我宣传,强调这一系列优秀品质的锻造和希望的实现,均依据机构平台所创造的可能性。

第五章　个人、家庭及社群中
　　　学英语的意识强化

　　　　为什么让他这么小就学英语。不要求你赢在起跑线,但
是不要输在起跑线。现在大家都走在前面,我不要你很优秀,
但我希望你一开始不要太落后。我不是怕你扶不起来,我是
怕你一开始自信心就受到挫折。

——摘自访谈笔记

　　　　之前有一次打车听到了一个出租车司机一直在跟他老婆
电话聊天,他就说他一个月行情好的话能挣 10000 元。但他
花了 10000 多元给他孩子报了一个英语培训班。他说这个真
的好贵啊,但他还很内疚地说,报的不是那种好的。

——摘自访谈笔记

　　传播不能仅被理解为一种功能性媒介的活动,同时也是以人
为主体展开的多个层面的互动关系(孙玮,2011)。库利将传播较为
宽泛地定义为"人类关系赖以存在和发展的机制(mechanism)——包
括心灵中的所有象征符号(symbols),以及在空间中传送和时间中
保存它们的手段"。"正是通过传播,我们获得了更好的发展。我

们与同伴会面和对话;通过书籍、书信、旅游、艺术以及诸如此类的活动,唤醒我们的思想和感情,引导它们进入特定的渠道,为我们的发展提供动力与框架。"(Cooley,1983:61—64)在所有的人类关系之中,自我与他者处于核心地位。而通过活动——如学习英语,自我与他者产生交互和碰撞,并通过他者的反馈和映照形成对自我的认知。基于此,库利提出概念"镜中人",强调他者对于个人的感知和评价成为构成个体社会自我的一面镜子。作为符号互动论的代表人物,乔治·赫伯特·米德在此基础上提出,"个体所拥有的自我,只能存在于它与他的社会群体之其他成员的自我的关系之中;而他的自我的结构,则表达或者说反映了他所从属的这个社会群体的一般行为模式——就像其他任何一个属于这个社会群体的个体的自我所具有的结构那样"(乔治·赫伯特·米德,2014:181—182)。在多元关系的作用下,个人完成了社会化,建构了主体观。同时,关系依赖于交流和沟通。社会在沟通中延续,沟通建构并形成社会,社会则赋予沟通以目的(黄旦,2005)。

　　本章节所探讨的,是社会不同情境下学英语所产生的人际间互动,以及人际交往中的话语现象及其特性。这其中包含个人自身英语学习历程、家庭环境下的学英语,以及以英语角为例的公共空间英语学习。值得注意的,个人关于自身英语学习历程的阐述,看似个人行为但同时也是社会行为,因为在过程中个体时刻会受到其他社会群体的影响,反之自身的言行举止也会影响其他人。

第一节　个体学英语的话语表述与自我追求

　　财经作家吴晓波在 2017 年底发布的《2017 新中产白皮书》报告中提出了"新中产"这一概念,指出其基本特征为:80 后,接受过高等教育，主要在一线、新一线及二线城市，从事专业性或管理性的工作，年净收入在 10—50 万，有着"新审美"、"新消费"、"新连接"的价值观。其中"新消费"意味着在满足物质生活的前提下，将更多的时间和金钱投入到自我修养提升上。在 2016 至 2017 年间，学习提升类的体验性消费支出超过了旅行（44.3％）、餐饮（32.0％）、运动健身（28.7％）等领域的增加幅度，显著增加 52.5％，位居首位。在印象笔记 2017 年发布的《知识工作者报告》中，93.5％的受访者有良好的阅读习惯。阅读的驱动力源于自我提升，不断的自我提升又和升职加薪具有紧密的正相关性。

在众多通过学习实现自我提升的途径中，英语是其中之一。这部分解释了为什么在访谈过程中，当访谈者面对"为什么学英语"这一问题时，鲜少有人对此产生怀疑。尽管他们当中绝大多数人已经在大学阶段通过了大学四级、六级的测试，部分因为出国留学报名了 TOEFL、GRE、GMAT 等考试，但学英语仍成为现阶段不可或缺的生活方式。所以，当访谈者叙述自我英语学习的历程，尤其是当日常英语学习并不是以相关英语考核作为驱动时，这一系列话语表述以及所展开的相关实践可以视为个体"运用话语资源而展开的一种自我建构"。

在一家外资企业担任部门经理的陈辰，直言英语在工作中的重要性："在外企，我真实的感受是英语是你的敲门砖……如果你没有语言，几乎为零……如果你只是想要停留在原地的话那无所谓，一旦你想在这家公司获得发展，语言就很重要。因为你在 leader（领导）前面的 presence（表现）就很重要，你有多大的存在感，你讲的东西有多在理，老板其实一直在观察。"因为现阶段负责员工的能力培训，陈辰也得以进一步了解到并不是每位员工都和她一样可以在工作中游刃有余地使用英语。公司一名资深经理

Jane,之前在一家国际连锁快餐店担任管理工作。因为品牌在中国的本土化程度较高,所以平日里 Jane 很少使用英语,这份新的工作对她具有一定的挑战,"她的女儿当时已经上初中,平时工作也很忙,她在这样的情况下遇到了工作中很大的 challenge(挑战),但她还是决定加入学习之路,周末基本都泡在机构里面。你可以看到她进步很大。以前在 manager meeting(经理会议)的时候,只要有外方经理参加,她就很少发言,把一些 presentation(汇报)的机会都给一些 young manager(年轻的经理)。但她现在就非常 serious(认真)地去做一些 presentation(汇报)。做得很不错,整个人也自信了非常多。因为她公司不少其他 manager(经理)也都跑去学英语了"。虽然被公认英语水平优异,但陈辰一直坚持英语学习。她把美剧《实习医生格蕾》来回看了三遍,并将里面出现的俚语记录在电脑记事本中。她在网易云音乐中找到了一个名为"美剧听写:女实习医生格蕾"的专辑,里面的音频收录了剧中部分原声台词,在家的时候她就打开专辑播放。经常会有员工向陈辰询问学好英文的诀窍。但热切的询问并不代表所有人都能和 Jane 一样愿意在学英语上有足够的投入:"前阵子有个部门经理花了一个多小时跟我聊学英语的事情。他说我特别想学英语,但我又觉得报班这个事情让我变得没有针对性。他希望能够学到可以快速运用到工作中的英语。这就是很典型的不想花时间,不想去累积,就想着怎么样能够快速地讲出流利的漂亮的英语。我跟他说我看美剧,他就问那你美剧怎么看啊?你在美剧中怎么样学习到与工作有关的词语呢?……每个人都很 eager(急切地)想要去掌握这个技能(英语),但比较少有人能坚持下来。对他们而言学英语是很枯燥的事情,比跑步还难,又难又枯燥……想学英语无非是工作需要,一旦工作需要,他就希望能快速地习得,这就是一个很大的矛盾点。"

最初在微信朋友圈看到依亭已经在"薄荷阅读"打卡 20 多天时，让我感到非常意外。依亭本科和研究生均为英语专业，现在是省重点中学的一名初一英语老师。我原本认为她并没有再继续系统学习英语的必要性，但依亭告诉我，"之前就看到网上英语打卡也有点心痒痒的，正好看到有人在发课程优惠券，想着要再充电一下就去学了。不瞒你说，工作之后，我感觉现在（英语）已经退化到中学水平了"。依亭的打卡举动吸引了同校的高二英语老师希希。每天早上开车到学校的途中，希希用手机播放与当天阅读内容相匹配的音频。在不到半小时的路程中，她将文章完整地听 2—3遍。到学校停好车后，她通常会在车里完成课程当天设置的阅读题目并在微信社交圈打卡后再去上班。平日里，希希的母亲也会坐她的车顺路去上班，两人会在车上聊天听广播。但自从开始"薄荷阅读"的课程后，希希说她最怕在车上听到母亲说话，尤其是当说话声超过了音频声时，她就"比较炸毛"。除此之外，每天下班后，希希还会花 40 分钟在"墨墨背单词"软件上背诵单词。在我们访谈时她已经坚持背诵了 100 多天。和依亭一样，希希对于自己当前的英语水平并不满意。因为工作原因，平日里接触的多是初高中的词汇、句型和语篇等，所以相对之前英语专业所学，工作中所需的英语难度"比较初级"。但即便如此，一直认为自己可以游刃有余应对的希希还是被学生"真实地刺激到了"，"有次下课学生问我某个词用法的时候，我愣了一下，我当时是回答他的，但我回答的不是非常对，我发现我天我还要去查字典。虽然我们学校比较好，学生都很优秀，但一个高中生来问我的单词我都有点陌生，我就很尴尬。我就想哎呀看来我词汇量还是不够。我不可以这样放纵我自己了，我就去下（软件）了……因为高中阅读不再是那种小短文了,学得挺难了。而且学生都很聪明智商都很高,你自己也必须要去跟进"。

　　和希希相似,因为在过往经历中受到了"刺激",在大学毕业工作之后再次拾起英语的访谈者并不在少数。访谈者所说的"刺激"在某种程度上可以理解为,在日常互动交往过程中,他者的言行举止使自我产生情感上的波动,并引发一定程度的反思。我曾在书店的外文书区遇见一对姐妹。姐姐英语专业毕业后在一家外贸公司工作,出于对文学的热爱,工作后仍经常到书店购买一些原版的英美文学著作,同时帮妹妹挑选一些英语阅读素材。妹妹今年刚上大一,学习市场营销。原本妹妹对英语并不感兴趣,基本上不和姐姐来书店。但进了大学后整个人像变了一样,每个周末都主动要求姐姐带她到书店看看英文书。当我问妹妹是什么促使其改变时,她笑着说:"有次和朋友出去玩坐火车,排队检票的时候背后有个男的一直在用英语讲电话,他带个耳机在讲电话,英语说的真的超好听,就是中国人。以前火车排队检票感觉吵吵嚷嚷的,但这次就只能听到那个男的打电话声,估计大家都在听他说英语。我想回头看又不好意思太明显,就偷瞄了一眼,感觉看着很高很瘦。第一次觉得英语说得好的人真是太有魅力了。"从这段表述中可以看出,"刺激"包含"示范"性。在与他者的互动中,个人因为感知到积极且正面的叙事和表征,认同感也由此被调动。

　　另一方面,"刺激"会使个人产生一定的危机意识和竞争意识。出于对韩国影视文化的热爱,影视编导专业的蒋舒颖在大学毕业后去韩国一所知名高等学府学习了一年韩语。那一年她虽然全身心地投入韩语的学习,但仍然感受到周围浓郁的英语学习氛围。被她称作"有好多学霸"的大学校园中,不少韩国学生彼此之间会用英语进行交流。而初到韩国的一件小事,更让她难以忘怀:"我在韩国读语言遇到一个姐姐,她之前在迪拜做导游。她的英语非常好,好到她讲的词我基本上都听不懂,她用的语法也绝对不是简单的语法,反正就是我觉得很牛的人。我刚到韩国的时候,和她一起去了超市。韩国鸡肉不贵,我当时想让大叔帮我把鸡肉剁成块块,但韩语我不熟练,关键是切鸡我也不知道英语该怎么说。那个姐姐就用英语帮我说,让我很意外的是,帮我切鸡的韩国大叔开始用英语跟她进行了非常流利的对话。我当时都震惊了,这件事给我产生了阴影,真的。"回国后,因为韩语语言优势,蒋舒颖很快就在一家影视工作室找到了工作。在工作的几年中,她越来越深刻地体会到英语的重要性:"现在不少节目都会涉及国外选手,会英语已经成为必备技能,你缺少的话就会错失机会。虽然我心里面一直知道英语是必备的,但工作之后我才真切感受到技多不压身,遇到之后你就会说当时为什么不好好学啊。"对于蒋舒颖而言,他者的言行举止无一不起着暗示的作用,使其生发"坚持学英语"、"学英语不能中断"等观念。

相较于其他人,Narissa一直认为她的英语学习和"扎心的言语伤害"有很大关联。因为喜欢美剧《老友记》,她从初中开始就有出国读书感受国外文化的想法。但因为父母一直不放心她一个人出国,明确表示如果一定要出国就不会提供资金支持。Narissa的梦想只能搁浅,并逐步转变为未来可以去外资企业工作。大学毕业后,她进入了一家零售企业做管培生。让她颇感意外的是,一同租房的同为管培生的室友在刚工作不久后就用自己微薄的积蓄连同父母的资助近5万元在一家英语机构报名了课程。高昂的价格一度让Narissa怀疑室友被蒙骗了。第二天,她主动提出和室友去那家机构一探究竟。但让Narissa没想到的是,和机构课程顾问的沟通,激发了她刻不容缓要学英语的信念:"这家机构的顾问太厉害了，我也就被拉进坑里了……当时她（顾问）知道我以后想往外资（企业）跳（槽），就跟我说我英语不够好的话就不太容易，她就一个劲地刺激我的自尊心，我一怒之下就报名了。"从机构出来，Narissa 哭着给父母打了电话："我跟我妈说我是说什么都要上了。她一开始在电话里还是犹豫的，跟我说我考虑一下。第二天一大早我跟我妈说如果你不打钱我就不读了，其实我当时冷静点了，想着以后赚够钱了自己来报名。她可能是担心如果真的不让我学我会怨她，就很快把钱打给我了。第二天中午我就过来刷卡报名了。"在过去五年多的时间，Narissa 在该机构花费近 10 万元。除了最初的 3 万元来自父母的资助。之后两次续课花费的 7 万元是她平日的收入积蓄。她并不认为在英语上的支出对自己造成太大的压力，而是一笔"蛮值的投资"。当我试图向 Narissa 询问顾问当时具体说了些什么，她不愿意多说，只告诉我"对方的言语非常狠，不断用你的弱势来激你。我就觉得我没脸见人了，我不学英语简直没道理了"。

挫伤自尊心，激发个体学英语的紧迫意识，在吕老师看来是一种"威胁性诱导"。作为某中学国际部的老师，她曾多次建议即将入学高一的新生在初三毕业的暑假"出去玩，出去看世界"："只要你会学习，哪怕你到外面马路上一站你就是在学习，你都可以思考。"依照原本的计划，学校会在开学后和所有新生家长沟通未来三年学生的发展规划。但吕老师发现，早在正式入校前的暑假，很多学生不仅报名了各种类型的英语培训班，父母也早早地与各种中介机构签约。因为现象愈发得普遍，吕老师也从最初的"深感绝望"转变为"慢慢习惯"："他（机构）不停地给家长渲染好多灾难性的后果：你要来报我们的班啊，你初三不报名的话，高中再报就晚了跟不上了。人家孩子会怎么样怎么样，你家孩子会怎么样怎么样……对于家长而言三年之后孩子会怎么样就是一个未知数。所以他们说得你发慌，让你心里产生恐惧。"

危机和竞争意识愈发得无孔不入，在当代社会体现得尤为突出和明显。不论是儿童、学生抑或成年人，都需要通过不断的自我调适去面对这一无法逃离的社会情境。这也使学习英语的意义不仅限于特定知识技能的获取。英语的投资过程，意味着个体的部分时间，多为闲暇时间，将进入一段井然有序且具有一定规律性和重复性的学习周期。某个工作日晚上，从事数字广告工作的洪波结束工作，和我约在公司附近的一家快餐店。刚坐下来不久他便说："现在快八点了吧，八点是我（设置）提醒学流利说懂你英语的时间。"设定晚上八点钟是因为通常这个时间段工作基本完成，吃好晚饭就可以开始学习。他原先设定每天晚上八点到八点半学习"懂你英语"，八点半到八点四十五分学习"薄荷阅读"。但因为白天工作时间几乎不休息，所以到了晚上八九点钟他经常会感觉困倦疲惫，所以就把十五分钟的薄荷阅读挪到了午饭后的十二点到十二点十五分。在洪波看来，这些已经形成了一种生活习惯。"我后来就发现，人一旦有了自制力之后，做事会变得非常非常高效。我以前每天晚上看看电视，看看书，睡觉前躺在床上就开始看乱七八糟的东西，就到两点钟。像现在我也是两点钟睡觉，但之前我已经做了很多事了。我吃完饭看了书学了英语，运动了，我把我很喜欢看的美剧《硅谷》又看了一遍，把我喜欢的电影、电视剧、综艺都会看一下，这样虽然我还是像以前一样晚睡，但一是我睡眠质量高，二是我之前已经做了好多好多事情。我就觉得每天都过得很充实。"

和洪波一样，学英语开始成为越来越多访谈者所倾向的生活方式。虽然从小学到大学毕业，英语一直是软件工程师王勇最头疼的科目,但他却认为"学英语这件事情我一直觉得是很正确的事"。大学阶段,他一共报名了三次四级考试,第一次因为差了几十分没能及格,第二次因为没复习索性弃考,第三次他拿出高考阶段突击英语的劲头备考才勉强通过。毕业后,王勇辗转了几份工作。在某私企工作期间,因为时间较为宽裕,他在一家英语培训机构报名了一年多的课程,这也是他第一次在英语培训机构报名学习英语。过去一直在学校以题海战术应对英语考试的王勇在机构中经历了第一次以小班形式上英语课、第一次上外教课、第一次用英语上手工课、第一次用英语和学员玩"狼人杀"游戏等。课程包含线上和线下两个部分。学员须通过线上自学形式,达到一定能力级别后获得线下上课的课券。按照课程的设计,王勇感觉每天需要在英语上花费不少的时间:"你在网上听课,可能要花一个多小时,复习一下还需要时间,你去(机构)上课也要花时间,我感觉算下来你每天(学英语)要两个小时,或者更多……其实它没有硬性规定,都是你自己安排。在网上的课也不是让你一鼓作气做完的,哪怕你几天做完再去上那堂课也可以。但我当时刚开始学比较兴奋,每天学习的任务量都比较猛。"在接下来的半年时间里,王勇每天坚持一个多小时的英语学习。但自觉因为一开始"用力过猛",导致后面"人懒了,学疲了"。半年之后,王勇不再去上课,课程也由此搁浅。他说完自己的这段经历,笑着摇摇头"我这次真是,最挫的一面全讲出来了"。现在每次经过那家英语机构,看到门口卖力宣传的推销员,王勇都有种一言难尽的感觉。他用三个"很"形容自己的感受:"很后悔,很没有满足感,挫败感很强……我妈一想到这个事情就拿这个来揭我伤疤,说我做事没个长性。钱白花是一回事,我到现在还是觉得当时要能坚持下来,肯定可以学有所成的,算了不说了,最近几个月又懒了,又长了七八斤。"

一种生活方式的形成包含了很多因素。某个行为成了生活方式，对个体而言，则意味着一种不假思索的行为习惯、一种生活选择和社会选择，一种不假思索的话语模式、行为动机，也包括在这种不假思索背后的心理积淀特征等（李红艳，2011）。因为在时间规划中增加了学英语和健身等活动，洪波认为自己的生活开始变得"充实"和"高效"。学英语已经成了他"每天心中的一点记挂"，特定时间段的"条件反射"。他将坚持英语学习视为个体"自制力"的体现。相较于洪波，对于未能坚持去上课，王勇感到"懊悔"和"挫败"。在回顾这段学习经历时，他同时对自己的时间规划能力也产生了质疑。每次看到他所报名的机构，都是对他自我管理的提醒。所以即便现阶段工作顺利，工作能力也受到领导和同事的认可，但他仍然认为自己还是有些"空虚"，需要"多学习"。

第二节　家庭英语学习的氛围型构

一、"地道"的追求与区隔

一次乘坐地铁出站，我注意到一位父亲正牵着孩子上台阶。孩子爬楼梯的姿势还有些踉跄，没有牵父亲的那只手一直有些慌张地想去触摸台阶。每向上走一个台阶，父亲就用中文报出一个数字予以鼓励："1、2、3、4…10。"一小段平地后，孩子和父亲进入第二段台阶，这时父亲不再用中文数数，而是换成了"one，two，three，four...ten"。某日在一蛋糕店选购蛋糕时，我的身边站着一个走路仍有些跌跌撞撞的小男孩，当时他正趴在玻璃柜前出神地看着里面的蛋糕，这时候在一旁付完钱的妈妈走过来，指着最下层的一块蛋糕说："宝宝，还记得这款是什么蛋糕啦，妈妈给你买过的,是不是 pumpkin pie 啊,pumpkin pie 对不对。"我曾在地铁上看见一位母亲怀中抱着 4 岁左右的孩子,指着地铁上关于月饼的广告牌说:"记得月饼用英语怎么说的,妈妈昨天跟你说过的。"看孩子并没有反应,妈妈继续说:"不记得了吗,月饼 mooncake,跟我念——mooncake。"访谈者庞乐告诉我,为了培养语感,他的同事只让孩子看英文版动画片。晚上在小区散步时,他经常能听到家长用"蹩脚"的英文和孩子对话:"会用英文问小孩问题,强迫他用英文回答。那个口音不是一般二般的糟糕。太可怕了,感觉不能再这样教下去了啊。"吕老师也和我分享了一个见闻:"我有一次去我们家小区门口的一个小店买东西,路过一个原先是茶社的地方。忽然间就听见一个男孩嘴巴里飙的全是英语,对着小朋友说什么 come back,you can't play until……好玩哦,对着小孩在大声说英语。我一看原来这里变成了一个英语培训机构。我就留神了在那里站了一会儿,就看到有三四个小朋友在玩那个球。你说小朋友在玩球的时候,他能不说中文吗。小孩在一起玩的时候,他哪里知道这是英语课啊。老师就要纠正他们让他们说英语。我看小朋友都累死了,一边在玩,老师还在用英语在喊。"

要求在家中用英文交流、依据实时情境教授并切换英文、看英文原版动画片、强调全英文教学的幼儿培训等,这些均可以看作基于在地实践场所基础,发展出新场景的空间实践。通过尽可能多的使用英语进行对话和互动,营造出一个全新的语言场域。

对于学习者而言,全英文环境是第一步,更为重要的是进入并流动于该场域的语言元素是否足够"纯正"且"地道"。在各类机构的广告宣传语中,通常会对外籍师资使用诸如"优质"、"资深"等词汇,诸如"全球优质外教,给孩子一个更广阔的世界"、"专业培训师"、"全程外教,高端美语课堂"等。多数学习者会认为这是商业机构的话语策略。在他们看来，一定的教学时间以及持有相关英语教学资格认证（如"TESOL/TEFL"[①]）可以更为有效地界定"优质"。在某机构周六对外开放的英语角活动中我结识了 Lynn。她曾在多个在线网络平台和线下课堂中上过外教课程。对于在银行工作的 Lynn 而言，优质的外教能够和她就专业领域展开对话："你和中国人交流，一交流你就知道他什么水平，英文也一样。你和外教谈论一些稍微高深的，也不用多高深了，就中等一些的问题他如果都不知道，那就很差了。你和他谈经济，谈 currency，他不知道。比如如何体系性地建立你的学习计划，他根本就没有，那绝对不行。我之前碰到一个他就教我用英语说脏话，你说你学的是什么英文啊。"她并不介意外教在表达时带有一定的口音，她认为各种英语口音都应积极去听，"全世界讲英文的地方很多，你不用说他那种口音，但你要听得懂。我之前年轻的时候去外面开会，好多东南亚人。他们跟我讲英文，我竟然说不好意思我只能听懂英国人讲英文，现在想想这真的是个笑话"。

不同于 Lynn，对于大多数家长，在子女学习英语的启蒙阶段，"纯正"与"地道"意味着所接收的知识是由标准的英语口音所传递。中国科学院大数据挖掘与知识管理重点实验室共享经济大数据分析课题组发布的《2017 年中国在线少儿英语教育白皮书》中，针对大量家长的调查数据显示，目前，73.6%家长更倾向选择北美外教，原因包括三个方面：北美外教口音更纯正、教学方式更

[①] TESOL 证书是参加 TESOL 课程合格取得的证书。TESOL 是 Teaching English to Speakers of Other Languages 的缩写。作为英语教育学的专业课程来学习，其主题是探讨英语教学的方法和 TESOL 课程。通过测评考试和考核，获得国际认可的 TESOL 国际英语教师资格证书。TEFL 全称是 Teaching English as a Foreign Language。目前 TEFL 证书为全球普遍承认和接受，是国际认可的通用英语教师资格证书之一，证明外教在外语口语和教学方法上经过了一定的培训，掌握了一定的技巧。

活泼,北美是子女留学首选地。22.1％家长倾向选择英国外教或澳洲外教,愿意选择亚洲(菲律宾、越南、印尼)外教的比例仅为4.3％。这一点 Molly 在做幼儿英语培训老师的这几年中也深有体会。她和同事们平日里会不时收到来自家长的批评和投诉,涉及教室采光、洗手间设计、下课时间超过了几分钟,甚至包括老师长相等各个方面,但其中关于外教的数量最多:"我们有时真的很崩溃。他们不管外教教的怎么样,小孩子喜不喜欢,他们内心是更希望来一个英美籍的外国人……其实不一定是英美国家的人就一定教得很好。他们中有的人可能原来并不是从事教学的。他可能是来中国旅游顺便教教课赚点钱,真的不太会教,但家长就很在意这个(指国籍),非常吃这一套。"

在李斐服装店中的柜台上,放着儿子参加 VIPKID 所获得的奖状,奖状上写着"Certificate of Completion:Remarkable Delegate"(结业证书:卓越代表)。从小学一年级开始,每周一、四、六三天,李斐的儿子在放学回家后和外教进行 25 分钟网络在线的全英文交流。在店中接受我访谈的时候,李斐的孩子已经在 VIPKID 上了近 100 次课,接触了近 100 名不同的外教。和外教每周三次交流,一次 25 分钟,李斐并不认为她为孩子营造了足够的英语学习氛围,更多的是为孩子提供了一个"见世面的机会":"我们希望他看到老外,老外就老外呗。你有几句讲几句呗。哪怕 This is this,你哪怕是这样讲,你只要能大胆地说出来就行了。不能看着就抖,讲不出来。"每次上课,她会坐在距离儿子很近但电脑镜头拍摄不到的地方,目的是更好地关注孩子的表现。现阶段孩子所学的内容李斐认为难度不太大,所以有时当外教在对话中出现了超出孩子理解能力的词汇或句法,并且孩子由于不明白将意思理解错时,她能够及时在一旁小声地予以提醒。对于孩子的表现,她表示很满意："就昨天，孩子画了一个 hello 的英文词，上面有些小图案什么的，想外教老师一出现就把这个图给他看，跟他 say hello。后来我说你 hello 拼错了（拼成了'hallo'）。他说啊那算了。就不给他看了，立马收起来了。也就还有几秒钟老师就要（从视频中）出现，他也准备好了。说明他还是很喜欢的，也不怕他。"

　　了解并报名 VIPKID 是通过促销电话。当听到是促销电话准备挂断时，电话那头传过来几个字——"老外一对一视频"立刻吸引了她。"一对一"契合了她对于英语学习的设想。而选择视频形式，李斐直言："不视频，老外请到家我们也没有这个经济实力啊。"对于她而言，在实体空间和外国人进行一对一、面对面、具有一定时间跨度的英语对话才是更为理想的英语学习模式。因此她认为在上海担任外资企业高管的表妹和表妹夫在孩子的英语教育上则"更加理想"。除了在机构进行英语培训外，在女儿很小的时候，表妹安排她与其他 3—4 个孩子每个周末在上海一对美国老夫妻家中学习西点制作或集体游戏，全程用英文交流。此外从小学开始，基本上每个暑假给孩子报名暑期夏令营出国学习英语。"去年小孩到英国去上夏令营 20 天左右，就是为了练英语，夫妻俩顺便去英国旅个游，最后一起回来，潇洒得不得了。马上今年暑假去夏威夷旅游，去玩不就是去交流（英语）吗。"李斐认为和她表妹相比，"大部分家庭应该都是像我这样的"。但是对于不少家长而言，一节 25 分钟的线上外教课程平均价格在 100 元左右，已经是一笔相当不菲的开支。

　　去年暑假，何晴一家三口去马来西亚自助游。在旅途过程中，儿子如果提出要去洗手间、想喝牛奶，或是在超市想找方便面，她都让儿子自己去和当地人沟通，而何晴以旁观者的身份，在一旁看着儿子使用简单的英语并结合肢体语言表达自己的想法。有机食品店兼职店员吴珩选择暑假带着孩子乘坐邮轮。她知道儿子对这一旅游形式并不感兴趣，但旅游的目的主要是让儿子锻炼英文。"邮轮上面服务生都是外国的。服务生每天都要来打扫房间。轮船比较节约嘛，有时候毛巾可以不换的，但是如果你想换毛巾换浴巾你就要用英语跟他说。还有如果你有需要比如说我需要一双拖鞋，还是说我牙膏没了，这些我儿子都能搞定的。有一天我们洗脸池堵了，因为晕船就吐得一塌糊涂。没办法我们不会表达堵了怎么说，我就让我儿子去，他呱呱呱呱全都会说。"她将这次邮轮之旅看作自己为孩子创造了一个多星期的英语氛围："尽可能创造一些机会，让他们觉得生活中（英语）都有得用吧，也培养他们一些兴趣。"

吴珩所说的"氛围"，与其他访谈者所提及的"用得上的地方"、"输入性环境"等内涵相似，是家庭在英语教育中所构建的将英语作为主要表达形式的空间环境。为了获得所希冀的语言"氛围"，空间成了各类资本汇聚、混杂、彼此嵌合的"力场"。资本累积的差异，经由不同程度的叠加和交织，使得"氛围"产生了分野。

欣喜于孩子表现的同时，何晴告诉我："我们家差不多（能提供的）就这么多了。有条件的带孩子去美国、英国。马来西亚至少可以让我儿子有说英语的机会，感受一下很好了。"她听闻朋友公司领导的孩子从来不上英语培训班，而是联系在本地上学或者工作的外国人，从 3 岁起每个周末抽出一整天时间全程陪同孩子说英语。在这一学习模式的培养下，孩子的英文水平令人称赞："她和外教老师的这种应答非常自如，说什么都可以。其实你到其他地方无非是花钱，这个花钱他又能玩，又能学，最主要的是针对他的发音（指导）。所以他的发音很正。现在家里条件不差的话，都找这种方法。"何晴所说的"条件"，不仅指以家庭收入作为衡量标准的经济资本，同时也指个体社交网络中相互熟识的关系，即社会资本。行动者所拥有的社会资本总量即个体"可以有效动员的关系网络的规模，与他有联系的那些人自己所拥有的（经济、文化或符号）资本的总量"（皮埃尔·布迪厄，2005）。正如何晴所言，"找到外国人练英语不算太难，难的是可以有针对性地给你孩子纠正语音错误，而且可以一整天全程和你讲英语，他们那个圈子几个家里都是互相推荐"。吴珩的儿子在国际中学上学，她与儿子班上几位同学的家长组建了一个微信群。只要找到可以和外国人交流的机会，家长在群里说一声，愿意去的就报名响应。之前群中有位家长联系到某家面包坊，邀请在里面工作的外国西点师给几个孩子上一堂面包制作课。自己购买原材料，同时从和面开始的整个烘焙过程西点师都用英语表达。吴珩认为通过这次学习"最起码做面包的专业词汇他能够接触到好多"。另一个让吴珩印象深刻的是几个孩子暑假在咖啡店打工三天的经历。她从店中的窗户指向不远处的体育馆："这体育馆楼上有个健身房，健身房旁边有一个咖啡厅还有一个英语机构，机构里面有不少外教。有个家长联系的，暑假六个小孩就让他们到那边（指咖啡厅）去端几天盘子。端盘子就是为了和机构的外教对话，他来了之后你就可以用英语说你需要什么、多少钱啥的。但可惜（活动）就弄了一次。"此外，家庭内部通过英语进行交流也是常见的营造"氛围"的行动策略，但这对家长的语言能力提出了较高的要求。家长须准确且灵活地描述变化的情境，同时对孩子的问答及时做出反应。而大部分访谈者在日常场景中与孩子的英文对话，更多局限于特定的词汇和相对简单的句法。对于英语语音语调的迷思，也使家长担心自己的英语发音"不够标准"，会对孩子的英语启蒙产生影响。所以即便李斐的妹妹和妹夫在工作中"都是英文来英文去"，但两人却约定好除非工作需要，在女儿面前基本上不说英文。

二、学习的展演与检视

遥远的他者正借由媒介塑造着我们的经验和生活。周宪（2015：221—224）将其称为"远距作用"。"远距作用"通过一种媒介化的经验而实现。在前现代社会，空间和地点总是一致。因为对大多数人来说，在大多数情况下，社会生活的空间维度都是受"在场"（presence）的支配，即地域性活动支配的。现代性的降临，通过对"缺场"（absence）的各种其他要素的孕育，导致了"空间的虚化"。在现代性条件下，地点逐渐变得捉摸不定：即是说，场所完全被远离它们的社会影响所穿透并据其建构而成。正是这种重新组合导致社会体系的"脱域"（disembedding），社会关系从彼此互动的地域性关联中，从通过对不确定的时间的无限穿越而被重构的关联中"脱离出来"。因为"脱域"，在极盛现代性的时代，远距离事件对近距离事件及个人私密关系之影响变得越来越普遍。在这方面，传统的纸媒或电子媒体都明显地发挥了核心作用。每个人的"周遭世界"都围绕着多样的直接经验和传递性经验，我们每个人都在以选择性的方式应对着这些多样化的经验源，所有人都主动地（尽管并非总是有意识地）以选择性的方式把传递性经验的诸多方面整合进日常生活（安东尼·吉登斯，2016：176）。

吕老师有位亲戚的孩子现在上幼儿园中班，但父母已经给她报名了英语、芭蕾和钢琴三门课外兴趣班。每次家庭聚会，亲戚会特意将孩子带到吕老师面前："来，跟你舅婆说说，香蕉（英语）怎么说，苹果（英语）怎么说。"每当这时候，吕老师都感到有些无奈："我要听到小孩发音不准我怎么说，真的很难，我只能说，哎呀真不错啊，都开始学英语啦。我能怎么做评价，噢你这个发音不对，我这么讲又打击小朋友，她妈妈也不高兴。可是我要是不说，这孩子不就被她耽误了吗。"对于孩子的母亲而言,在亲戚面前让孩子说英文,并不完全出于希望吕老师从专业角度进行指导的目的,更多的是展现孩子的英语学习能力和英语水平。

随着社会化媒体的发展,家长们开始感知到愈发常态化的"优秀的他者"。李斐从几位家长所组建的微信群中了解到,儿子所在幼儿园的某个同班同学因父母工作原因去英国半年,回国后还未上小学就已经可以阅读英文原版小说书,"太震惊了,我们几个妈妈都说这个太猛了,这个没的办法比"。谈及身边令人印象的英语学习者,何晴立刻给我看了一张朋友圈中的图片。这是儿子一年级同学的母亲在暑假去台湾旅游后,自己孩子写的英语作文。"我看到后立马'昏厥'。你看里面这词用的,还有这个句子,已经到这个程度了,比我们学的深得多了。这还是2—3个月前写的。"另一位令她印象深刻的是她所认识的一位母亲每天晚上都会在朋友圈中对孩子当天的英语表现进行总结:"今天已经知道生词:found,was,Friday。Sand漏了n的音,b和d还会傻傻分不清。"何晴说每每看到这个不禁感慨"这已经不仅是别人家的孩子了,还是别人家的家长"。

在某培训机构组织的全国范围的考核中,文景的儿子Jimmy因为错了一道2分题目,获得了二等奖。为了参加机构举办的颁奖典礼,她特意为儿子购买了一套礼服。由于当天参加颁奖典礼的人数较多,Jimmy被安排在下午三点入场。当儿子戴着银牌和其他九名小朋友站成一排挥着手上台领奖时,她赶紧到台下拍照。她将颁奖典礼的照片选择了几张发到朋友圈,收获了很多赞和留言,"好多人夸儿子是学霸的,还有人向我咨询这是什么机构的"。孩子已经在培训机构经历过全国考试,并为此报名了复习课,完成了几套模拟卷,这过程让她觉得"既心疼又好笑"。在儿子上复习课的第一天她在朋友圈中写道："你这么小就上战场了。"但即便如此，在颁奖典礼后她还是给儿子提出了新的奋斗目标："我跟他讲了，你下次考 100 分端奖杯，妈给你买个燕尾服上场。你不端奖杯没什么意思，因为你最好就是银牌。你银牌也有了，你拿个铜牌我们都不好意思去。"

在微信朋友圈中，有家长会不时转发英语机构的链接并表示希望获得大家的"点赞"，一定的"点赞"数可以获得额外的免费课时。对于商家而言，该营销宣传手段有效地将课程相关的信息嵌入社交平台，同时也是与分享者自身关联最为密切且最为错综复杂的人际关系网络中。打开部分链接，除了课程宣传，同时会看到一小段分享者的孩子在课程中的表现。不少访谈者告诉我，他们平时看朋友圈，会点开这一类型的链接，一是了解别人的孩子在学习什么，另一方面通过视频看到孩子们的课堂表现和口语水平。在纵横交错、关系型主导的社会化媒体中，"优秀"的行为模式时时刻刻被多方位呈现、分享、观照和比对。人们既是"优秀"的主动展演者，同时也是被动的观赏者。与"优秀"相关的话语前所未有地激增，进一步强化人们的比较意识和竞争意向。

周六中午临近 12 点，我和朱濛一起等她的女儿 Lilian 下课，这是 Lilian 这学期在某少儿英语培训机构的倒数第二节课。这节课安排了一次综合测试，以考查学生对这一学期所学内容的掌握程度。考试结束后，我们三人在附近的快餐店吃了一顿中饭。虽然一开始因为生疏略微有些拘谨，但考完试的 Lilian 心情不错，整个人也比较放松，很快就打开了话匣子。她告诉我所在小学的班级每学期期末会评选"免试生"，也就是"语文、数学、英语三门主课不用参加期末考试"的同学。评选标准依据过去这一学期中月考和期中考试成绩的累积排名。在课堂上公布九位同学（每门课三位同学）的名单之后，老师会对九位同学提出表扬，并让同学们向他/她们学习。

我：你听完什么感觉啊？

Lilian：就是就会觉得很吃惊。我想起来她（英语考试免试生）一般都是在学校把作业做完，然后回家再去做其他的。

我：那你呢？

Lilian：我妈妈不鼓励我在学校做作业，她说下课就出去走走，回家来做。我们班上有两个一直在写的。有些同学跟我说如果她不在学校写一点作业，她爸爸妈妈会批评他。有一段时间老师会在一点钟，让写完数学大册小册的同学上来拍合照。有一些同学的家人就特别在意，就说中午一定得有你的照片。

我：拍完合照发哪里啊？

Lilian：发有家长的微信群里。

朱濛：你想啊，不发群里那她的孩子就没必要这么赶啊。有些小孩下课就不出去玩的，就在教室里写作业。有一次她（Lilian）同桌写了一篇作文，后来人家妈妈就发给我看。作文大意就是我在教室里急急忙忙急急忙忙写作业，就想赶着老师拍照。这个时候 Lilian 跟我说，你不要着急，你越是着急越是写不好，你不要着急就能写好了。我就顿时慢了下来，我还是赶上了拍照。

我：老师的照片放到群中家长是什么反应啊？

朱濛：大家就会说这些小朋友都好棒啊，有人发点表情，客套一下啦。

　　这段对话中,"优秀"在两个方面予以了展现。一是老师课堂中所表扬的"免试生";二是出现在老师中午一点钟用手机拍摄合照中的同学。前者通过口口相传展现了"优秀",后者是社会化媒体中画面影像所展现的优秀。对于 Lilian 的同桌而言,每天中午出现在老师所拍摄的照片中是她明确需要完成的任务。她知道这张照片会在老师拍摄后立刻转发至老师和父母所设立的微信群。"可见"于照片中,意味着她具有高效的时间管理能力:没有浪费上午的课间时间,并抓紧时间完成了作业。

　　这让我想到曾在多个幼儿英语培训的家长休息室中看到的一大块屏幕。屏幕中是各个教室的实时监控。在孩子上课期间,不少家长会坐在休息室,有的独自一人玩手机,有的看书,有的三五成群坐着聊天,同时也会不时抬头观察屏幕里孩子的表现。Molly告诉我,因为安装了监控,下课家长来接孩子和她的交流内容从"老师今天我家孩子学得如何"变成了"老师,今天我看到他水杯倒了一下,你当时没有立刻帮他扶起来。这样子有点危险噢,很容易滑倒";"老师,今天发现有一轮所有人你都点到回答问题了,你怎么没有点我家某某某呢";更夸张的是,一般下课我们会带小朋友去上洗手间。有家长会跟我说"老师,你下次把他的裤子提好一点,他衣服后面没有扎好,要塞进去"。Molly 曾特意去休息室观察了一下,发现镜头确实可以清晰地记录下教室内发生的动态。而不少家长,尤其是很多新生的家长会格外关注自己孩子在课堂上的一举一动,"看小朋友高不高兴,笑了没,回答问题没,嘴巴动了没有,上课有没有打瞌睡"。

　　朱濛送女儿去机构上课时,会经常听到某些家长在和孩子道别时说:"你好好给我上啊,几百块钱一节课呢;我跟你说啊,这个课是我花了两万块钱给你报的。"朱濛对这样的沟通方式表示费解："这两万块钱是你要花的，不是孩子要花的。"通常，下课前的最后十分钟，老师会对课堂内容进行一个总结，或者以游戏的形式将这节课所学的词汇句法进行复习。这时候家长可以进入教室并站在教室后方。"有些家长就站在孩子后面不停地说：你这节课有没有好好听啊或是我都（从监控里）看到你了，你一节课都没有站起来（回答问题）。"有时班级黑板上会写上所有小朋友的名字，老师根据课堂表现在名字后面画上小星星或贴上小红花。有的家长会在下课后向老师询问："他们家8个，我们家4个，老师为什么我们家今天得的少"；"还有部分家长领着孩子边走边说：跟我说说你今天学了些什么啊；老师讲的你能不能听得懂啊；你明天要学什么啊……"朱濛说："下课都下课了，你就让他/她稍微歇会吧"。

在和我聊到儿子子琪的英语学习时，何晴顺势打开了手机微信。今年小学四年级的子琪周末在某个培训机构学习英语。上课的第一天，老师就组建了一个名为"XX新概念班级"的微信群。在外教上课的过程中，老师会拍摄一些学生和外教互动的视频并分享在群中。此外，每周课程结束后，老师要求每位同学寻找一名小伙伴，两人一组进行口语练习。在练习的过程中，老师也会拍摄同学两两对话的过程并分享在群中。何晴边打开子琪的口语视频边说："上课上完就要开口互动了。大家都很积极，我觉得蛮好的。"除了记录课堂表现和发布作业，微信群还有一个重要功能：记录班级每一位学生的"出勤"、"课文背诵"、"进门测成绩"和"出门测成绩"。"进门测"是测你上一节课所学的内容，小试卷检测一下你学得怎么样，最主要的是你学习的词汇，还有就是你时态的掌握程度，句子的掌握程度。"进门测"得到满分的，老师拍个照片发群里。"出门测"是当堂这节课学完的东西再进行一个巩固。他们在说口语的时候老师当场就批改好，并给满分的学生再拍一张照片。

你能从这个情况了解小孩(学习的)状况。还有这个表,你看我们家(子琪)上次忘记背诵课文了,没有打钩。所以说这样家长就一目了然学得怎么样,有没有过关,打绿色这个就是没有过关的。

通过"钩"的颜色、搜寻自己的孩子是否出现在老师发布的照片中、借由视频了解孩子是否积极参与英语对话,家长们在一次次地确认中主动或被动地参与着比较,继而更有针对性和导向性地对子女的英语学习进行相应的指导。而这悄然无声却强有力的策略性机制,也让作为学习者的子女感知到自己的表现始终被观察,始终处于"目光压力"之下。

第三节 公共空间中的意义实践: 以英语角为例

访谈者吴珩今年 51 岁,去年因家庭原因提前从单位退休,从今年开始在一家有机蔬菜店做临时工,儿子在外地的国际中学上高二。吴珩告诉我,在全家外出旅游途中,如果看见外国游客会鼓励儿子上前对话;如果有外国游客向他们寻求帮助或是因独自出行需要请人拍照时,吴珩和老公都会推儿子上前,让他抓住这一机会去说英文。某次途经地铁站,吴珩看见一位外国人不会使用购票机表情焦虑,她立刻让儿子去帮忙解决,"我听到他(用英文)说我能帮你什么,去哪里,几个人,很快帮人家把票买好了"。但吴珩对儿子的表现仍不够满意,认为他不够大方,在很多时候并不积极主动,需要在她敦促几遍后才肯上去说英文。每一次与外国人的英语交流,在吴珩看来,都是一次难得的、可以活学活用的机会,她将其称为"短暂的英语角时光"。吴珩说的"英语角",与传统意义上所理解的公共空间中的英语角有一定的出入。英语角通常是指在特定的时间段,人们自发聚集在同一公共空间,默认用英语进行

交流。英语角的组织具有一定的规律性和重复性。而吴珩所说的
"英语角"实则是更具有随机性和偶发性的表达英语的机会。

从初二到大学毕业近十年时间，Jacob 在每个周六的晚上都会
去鼓楼广场英语角，基本上从晚上七点一直待到十一点左右人群
散去。一开始去是因为"到那个地方就可以少写一晚上的作业，父
母也支持"。即便高三那年学习压力大，父母要求他在家写作业，
但 Jacob 仍然坚持，"我自己也想出去放松一下，而且英语角也好
玩啊"。英语角的聊天内容通常是一些相对随机的话题："We just
talk. What is your job? What do you do in your free time?（我们
就聊天。你做什么工作？平时空闲时间做什么？）"Jacob 会特意寻
找比他年长并且英语口语流利的人聊天，"每次（英语角）大概会有
50—100 人。初中生、高中生、大学生、白领，什么行业什么年龄段
的人都有。去看热闹，跳广场舞的人也有。我会找老外聊。但外
国人旁边很快就围了很多人。后来我就先逛一圈听听，发现几个
大学生特别会说，我就和他们聊，初中那时候也跟各个学校的高中
生聊。这么聊了之后英语的语感培养得比较好，词汇量都有增长，
而且有时你语法时态讲得不对都会有人给你指出来"。Jacob 认为
英语角不仅使他的英文水平有所进步，更重要的是建立了学英语
的自信。在他说英语时，周围人会投来艳羡的目光。"大家不说了
就看着我说，等我说完会跟我说：哇，你的英语 how can you be so
good! 正儿八经的，英语角给了我比较大的自信。"

吴珩深感和现在相比，当时可供英语学习的素材并不多。她
曾在大学校园组织的活动中和外籍学生跳过一次交际舞，在跳舞
过程中和舞伴用非常简单的英语交流了几句。当时不仅她表现得
比较拘谨，外籍学生也很羞涩。除此之外，在大学期间她也曾在师
姐的带领下去过几次鼓楼广场英语角。她发现每次去英语角人数

并不固定，"人多的时候一堆一堆，有时候去了也没人"。那时候去英语角是大学生群体中较为流行的活动。但不同于 Jacob 主动的侃侃而谈，吴珩一开始因为羞涩不敢开口说英语。而身边人虽然英语说得结结巴巴但仍然主动表达的行为激励了她，"说得不好，就简单说了几句，但不管怎么样开口说了"。

从 Jacob 的叙述中可以看出，参与英语角的人中既有看热闹的，有听别人说的，也有人和他一样整个晚上滔滔不绝到最后才离开。而吴珩在多数时候属于相对安静的围观者与聆听者。有研究者将参与英语角的人群分为直接参与者和间接参与者。直接参与者包含中小学生、大中专学生和成年人。大中专学生因为具有了一定的水平，成为英语角中最活跃的人群；中小学生更多是来感受热烈的学习氛围，但态度认真；成年人大多三三两两，交流的声音较低，脸上表情也较为严肃。间接参与者包含家长、老年人、"局外人"和小贩。例如家长通常靠杆而立，在远处默默地关注孩子的行踪。同时随着逐渐熟悉，家长间也会相互交谈，交流培养孩子的经验以及与教育其他有关信息。间接参与者完全不参与英语角的活动，但却是英语角一个不可分割的组成部分（高倩，1999）。

作为一个公共的学习型空间，英语角从初创到自发形成规模的过程既是空间实践，同时也是地点制造。空间的生产并不局限在设计及其建造阶段，而且持续于空间的使用中。在空间的使用中，人与人创造并经历各种相遇和互动（於红梅，2016）。人们通过身体在某一场所的集中标识了这一场所，使其成为日常生活行动轨道上的自我导引点。于是地点及其特性转而成为生活记忆的触发点、长久感觉的提醒物，进而实现了地方认同（谢静，2013）。与此同时，英语角具有高度的开放性、自由性和随意性。人们可以自由地进出，可以随时加入正在进行的对话，也可以选择随时离开。英语角所持边界的动态性和模糊性意味着人们的相遇和交往相对随机且松散。

值得注意的，是英语角中虽然人际互动形态和节奏繁复多样，但部分特定的、具有针对性的互动展开却需要一定的策略性。桂林阳朔被誉为中国最大的"英语角"，阳朔西街是中国最大的"地球村"和"洋人街"。有学者发现，不少在长三角地区中小规模外资企业工作的员工为了谋求职业上的进一步发展，辞职来阳朔学习英语。阳朔诸多培训机构的广告宣称，在这里人们有充裕的机会可以和外国人在任何地点、任何时刻展开英语对话。在阳朔英语培训机构工作的外国教师在校园外经常会遇到人们主动提出用英语进行对话的请求。但在他们看来，多数时候，这样的对话用词简单，内容重复，并且因为次数过于频繁，所以他们会提出拒绝或是找理由终止对话。但外国教师所不知道的是，这些看似自然而然提出请求、希望展开交流的背后，是学习者对于互动的调控和把握。例如，他们会选择去商业街、咖啡店、酒吧等地，因为那里的外国人相对较多。在交流对象的选择上，学习者倾向于选择独自一人而非三五成群的外国人；必要时他们会叫上几个朋友一起去和外国人聊天，因为可以有效减少只有两个人面对面交流时因为英语水平有限等原因可能会出现的沉默；他们担心贸然地展开对话可能会使对方感到不快，所以有时会选择在咖啡店坐在外国人附近聆听他们对话锻炼听力，或是到咖啡店酒吧打工以期能和外国顾客进行交流（Gao，2016）。正如 Jacob 和吴珩所说，在英语角，为数不多的外国人身边经常围满了与之对话的人群。吴珩通常采取的是聆听策略，在她看来，即便一个晚上在英语角因为胆怯不能主动开口说英语，通过听别人和外国人交流也是一种锻炼。

每个个体都是一个移动的空间场域、时空的单元。个体裹挟着情感、思想、倾向、意识，以及自身并未意识到的文化信念与文化实践，发掘空间在社会关系上的潜能，赋予其意义和架构，并最终通过日常活动建构地点和景观（Low，2009）。下一章节在讨论人们移动互联网络情境下的英语学习时，研究者发现，在知识付费平台购买相应的课程后，人们可以通过二维码扫码进入基于社交媒体所形成的虚拟社群。而虚拟社群的特性与公共空间中的英语角有相似之处：群员间绝大多数素昧平生。用英语进行交流虽然不像英语角一样是必需，但在群中只能交流与英语学习相关联的内容，不允许出现商业广告。在虚拟社群中，有积极的话题参与者、"潜水"形式的旁观者，加入社群却选择屏蔽不关注的成员等。不论个体采取的姿态热情或是沉默，积极或是被动，在一个公开和公共的地点，英语角作为使然交往的中介，让彼此临近但又不熟悉的人们以多种形式相遇相知，身体的共同在场进一步激发学员的参与热情。流利的英语表达被赞赏和羡慕；表达即便结结巴巴也被予以了鼓励和肯定，这也使吴珩感叹在英语角体验到了"前所未有的，高涨的学习热情"。

第六章　互联网空间中学英语的自我管理

　　大家这会再来选择学英语，一个是职业需要，还有一个就是个人兴趣爱好发展。我一直觉得学习是一件脱俗的事情。薄荷阅读每天除了阅读还会推送一句比较励志的话，我发现群里面好多女性朋友都对这句话非常感兴趣，其实这句话大家都能看到，但是大家还是会在群里再分享一遍，算是相互鼓励。学习群气氛异常和谐，氛围营造得很好，包括老师定的规定大家都还是挺遵守的。我觉得大家还是心思放在学习上比较多。

——摘自访谈笔记

　　我在思考我付了这个钱之后会不会给我带来效果。一个是课程的时长我能不能接受，另一个就是课程全部进行下来之后对我有没有帮助。你知道每个人做每一件事最初都是抱着一个很好的结果，以为自己会有一个很好的结果去的。当你经历了之后你就会发现很少会有人每天都很认真，坚持做一件事情，尤其还是那么长时间。你不知道你中途会经历什么样的意外，有事啊或者忙啊。我是属于那种比较难坚持的。

—— 摘自访谈笔记

在之前章节的讨论中可以看出,学英语已经嵌入了当代中国个体成长的每一个阶段,成为当代中国人日常生活中的一个"凝结"。

本章节试图描绘的是移动互联网时代下中国人的日常英语学习实践。在访谈的过程中,我注意到几乎所有访谈者的手机、ipad等移动通信设备中均下载了不止一个英语学习软件。其中,更有不少人报名了在线英语付费课程。在移动、变化的空间中,移动互联网用户随时随地进行着信息阅读、社交和其他活动,长期的浸润,将用户行为呈现出更多的碎片化、并发性(彭兰,2017)。这种"移动性"、"随时随地"和"碎片化",随着"知识付费"的兴起,正在成为当前越来越多中国人参与学习的一个重要特征。"中午在单位吃饭,一个人没事干的时候学"、"吃完午饭午休前读一下"、"下班坐公交回家的路上,这段时间如果不用来做点事就浪费了。课程里有英语语音的朗读,我在公交车上会听,听的过程中捧着手机看文字"、"我一般打卡都比较迟了。平时工作蛮晚,家里面忙活一通再学也得到九十点"等。在各种碎片性的时间段中,网络平台正在取代传统意义上的课堂,成为英语学习的重要介质和载体。在多变繁复的移动互联网时代,"学英语"仍然是多元话语的"凝结"。与此同时,在线英语课程建立起的知识学习虚拟社群,使更多的英语学习者之间产生了互动和联结,继而产生更多的话语交互。与之相关的话语具有怎样全新的理念特征;越来越多以知识学习为共同目的而建立的虚拟社群,越来越频繁出现的线上"打卡"反映出怎样的网络生态文化;当人们将自我实现和提升的诉求依托于互联网时,互联网在人们的英语学习和自我成长中又扮演了什么样的角色。[1]

第一节　移动互联时代的学习样态

　　在著作《美好生活:中产阶级的生活史》中,奥维·洛夫格伦和乔纳森·弗雷克曼(2011:11—33)探讨了 1880 年到 1910 年间瑞典中产阶级的文化建构和形成。在这期间,人们对于时间的认知也发生了改变。传统农民社会的时间观念是围绕劳作周期与自然节奏不紧不慢地滚动。对于农民而言,时间是循环的。随着 18 到 19 世纪工业生产的发展,新的时间范式形成。时间被分成众多部分,且依据完成的事项分隔清楚。而当代时间体系是高度理性并且被严格格式化的。一个显著特征即是工作和休闲开始两极化,彼此间形成一条明显的界限。起先,工业生产对人们的时间观提出了新的要求,要求人们掌控并合理安排工作时间。随着时间的推移,人们也开始逐步对泾渭分明的非生产时间,即所谓自由时间提出了更高的要求。作者引用了第一届瑞典休闲生活博览会的一段英文简介:"休闲生活对个人来说,当然是没有任何恼人义务和烦人限制的自由时间,但它并不是虚掷在闲散娱乐上的'死时间',这样只会导致浪费,或者滋生出厌倦不满和无所事事。如果人们不能合理利用休闲时间创造出健康与幸福,那么,社区应该建议和帮助他们,教会他们更充实、更合理、更有效地花费时间。这样一

---

　　[1]　经由微信朋友圈的观察和多位访谈者的推荐,我报名了几个相对热门的在线英语课程,并通过验证加入其设置的线上学习社群。学习社群人数各异,学习时长与学习内容也不尽相同,但均以微信作为信息传播的载体。课程为(1)"薄荷阅读 100 天阅读训练营";(2)"懂你英语标准版";(3)"流利阅读外刊阅读计划";(4)"10 天读懂《经济学人》"。

来，在社区的关注下，休闲时间变得和工作时间一样重要。"这反映出现代人开始形成的一个共识：休闲并不意味着闲散且无所事事的状态，休闲同样应当是有规划性和目标性。而如何利用休闲时间，最大化地开发自身潜能，进行自我实现，成为人们开始思考的问题。

一、碎片化时代背景下的学习型社会

1968年，芝加哥大学校长罗伯特·赫钦斯在著作《学习型社会》中首次提出"学习型社会"这一概念。他将"学习型社会"描述为：除了为成长过程中每一个阶段的男男女女提供在职的成人教育之外，这将是一次成功的价值转变，那就是把学习、自我实现，以及成为真正的人设计为教育的目标，并且所有的教育机构都瞄准这个方向。赫钦斯指出，学习型社会基于两个重要的事实：日益增加的自由时间以及快速的变化。快速的变化需要不断的学习，而闲暇的时间使这种学习成为可能。赫钦斯将闲暇视为所有知识进步的源泉，"所有有智力的进步都来自闲暇"。闲暇的广泛分布就必然会导致普遍的、蔚为壮观的知识进步（罗伯特·赫钦斯，2017：141—156）。1972年，联合国教科文组织国际教育发展委员会发布了报告《学会生存——教育世界的今天和明天》，该报告指出，一个社会既然赋予教育这样重要的地位和那样崇高的价值，那么这个社会就应该有一个它应有的名称——我们称为"学习化的社会"。这是一个"教育与社会、政治与经济组织（包括家庭单位与公民生活）密切交织的过程"。每一个公民享有在任何情况之下都可以自由取得学习、训练和培养自己的各种手段。教育不再是一种义务，而是一种责任了（1979：221）。作为一种社会发展的理论和社会话语，"学习型社会"也以逐步演进的方式，与当代中国社会发展战略紧密相连。"学习型社会"、"终身学习"的理念从推出起一直备受推崇。同时构建学习型社会的一个社会背景正在悄然发生改变：日益增加的自由时间正在逐步被日益增加的碎片化时间所取代。

碎片化是后现代社会和全球化语境下一个重要且形象的特征。从字面来看，碎片化是指将完整的东西破成诸多零块。社会背景的变迁催生了碎片化的产生。有研究表明，当一个社会的人均收入在 1000 美元—3000 美元时，这个社会便处在由传统社会向现代社会转型的过渡期，而这个过渡期的一个基本特征是社会的"碎片化"：传统的社会关系、市场结构及社会观念的整一性——从精神家园到信用体系，从话语方式到消费模式——瓦解了，代之以一个一个利益族群和"文化部落"的差异化诉求及社会成分的碎片化分割（喻国明，2007：205）。分化带来了社会价值观的多元。人们关于事物的认知视角和意见阐释变得更加分散。而新媒体时代将碎片化变成了一个更为显性的传播现象，多元的观点通过社会化媒体平台，以前所未有的广度流通、汇集和碰撞。

碎片式信息的迅猛增长带来了两方面的影响。一方面，碎片式信息的"内爆"，使得碎片化时间在一天之中的比重开始扩大。碎片化时间主要是指日常生活中零散且细碎的片段式时间，譬如等公交、乘坐地铁、散步等。根据中国新闻出版研究院发布的 2019 年第十七次全国国民阅读调查报告显示，成年国民人均每天手机接触时长为 100.41 分钟，比 2018 年的 84.87 分钟增加了 15.54 分钟；人均每天互联网接触时长为 66.05 分钟，比 2018 年的 65.12 分钟增加了 0.93 分钟。手机和互联网已经成为我国成年国民每天接触媒介的主体。越来越多的移动互联网用户开始拥有相似的生活体验：不论何时，手机会弹跳出移动客户端所推送的实时资讯，迫使且诱使个体不自觉地参与点击和浏览。陆双梅（2014）

在对迪庆藏区民众手机使用情况做田野调查时发现，手机因为可以进行"见缝插针"式的传播，已经成了藏族民众在日常生活中与外界建立沟通联系的重要工具。

同时，随机性切入的海量信息，裹挟着新、奇、怪，"充满笑点"和"全程高能"，始终维系并强化着人们的注意力。人们通常置身其中，呈现出迷恋、专注和兴趣盎然的阅读状态。原本已相对细碎零散的时间片段因为碎片信息的高密度和高频率，在不自知中被延长。时间从有序和线性悄无声息地过渡到了无序和跳接。在一定程度上，传播技术的革新和碎片时间的普遍化相辅相成。浸润在碎片信息中的人们更加渴求知识的获取。仅就某个特定的事件，我们就可以看到多维度多视角的信息汇聚、杂糅、交错、碰撞，感受到观点角逐的张力和弹性。仅滑动一下手机，我们目之所及的信息就可能以全球为蓝本，包括当下、过往和未来。信息阅读有如"一个水上摩托骑手，贴着水面呼啸而过"。在网络问答社区知乎上，有网友提出问题："你见过最具孤独感的图片是什么?"在诸多回答中，获得网友较多"赞"的一个回答截取了即时通信软件微信打开时的初始画面：一个人的剪影面对着浩渺且闪亮的星球。这一画面又好似在描述我们与无垠的数字空间之间的关系。我们所面对的，是一个远超出个人信息处理能力的、"众声喧哗"的世界。置身其中的个体在惊喜、兴奋的同时，也会感到无所适从、茫然若失。

二、崛起的知识付费领域

知识付费现象的出现，似乎可以在一定程度上缓解人们因激增的碎片化时间和碎片化信息而感受到的焦虑。2016 年被称为"知识付费"元年。得到、分答、值乎等平台软件相继问世上线，知识付费模式发展如火如荼，热度一直持续到了 2017 年，36 氪推出"开氪"收费专栏，豆瓣上线付费栏目等。知识付费的模式脱胎于内容付费，其出现要略晚于音乐、视频等领域的内容付费。当前市场上流行的知识付费产品以音频类为主，文字、视频类为辅。线上知识付费平台的兴起源自用户在知识盈余压力下的渴望与焦虑，是一种内容消费的升级形式。线上知识付费可分为以下几种主要内容类型：1. 多出现于新兴领域，具有一定稀缺性，低频度使用的知识和内容；2. 因为分工细化和知识鸿沟所形成的跨界度高的内容和知识；3. 精粹度高的内容和知识，这一类知识设计的出发点在于降低或减省人们获得知识的时间付出、精力付出以及增强人们的理解力；4. 高场景度的内容和知识。这一类知识主要通过个性化量身定制的形式，请经验丰富的专业人士帮助人们解决在生活和实践中，因偶然的、个体的因素导致的具体问题，譬如咨询公司和法律类的服务。（喻国明、郭超凯，2017）

依据这一分类标准，在线英语课程多数属于"精粹度高的内容和知识"。人们选择这一类知识，一方面出于必要性，另一方面是考量到自身时间和精力的相对短缺。付费课程一个重要特征是知识获取的时间成本投入较低、知识的内容设计相对简约和高效，譬如："每天 10 分钟，100 天一起读完 10 万字的英文书。""10 万字的英文书"标明了课程设定的任务目标。"100 天"说明这是一个相对长线的学习过程。但具体到日常学习中，它所花费的是个人每天短暂且零散的"10 分钟"。通常，宣传语会在两方面予以强化。一是课程所获得的高收益，二是课程所投入的低时间成本。与之类似，"每天 15 分钟，大神带你精读英文外刊，听说读写全面提高"；"每天 20 分钟，100 天搞定小学 6 年英语"；"低头玩手机，不如充电学英语。每天 25 分钟，自信说英语"；"一本原版书，一杯咖啡时间,就是一个世界"。对于这两方面的强化,会让参与者在无形之中感到有效利用碎片化时间既能带来显现且可观的个人进步,同时其过程轻而易举且信手拈来。

"胶囊"成了关于付费类知识样态的一个形象隐喻。"胶囊"首先意味着知识经过了"配比"和"调和"。同时也暗含了知识的传播路径,用户多呈现出一种被"喂养"的姿态。虽然绝大多数访谈者知晓自己所阅读的内容经过了设计、精简、切割,但这并不会影响他们参与的积极性。某在线阅读的英语课程介绍中显示:"每天10 分钟,课程把 N 本书上上万字的内容切分成每天的阅读任务,每天早上用微信推送给你(语音+文字模式)。"每天,课程的微信公众号会根据学员所设定的时间推送当天所学课程,主要包括阅读文章与同步音频、每日词表、阅读后的 3—5 道选择题等。依据课程的难易程度,课程对英文小说的内容进行了"精简"。并在此基础上对阅读内容进行了"切分",以保证每日阅读量的均衡。这也意味着在完成当天的阅读内容后即便对于之后的内容产生了兴趣,阅读节奏也要暂缓。通常,在线课程所提供的内容多为片段式且情境化。但正是知识样态的短小、简洁并具有系统规划性,可以有效地填充人们的碎片空间。

媒介资讯正在不断地强化一个理念:充分利用碎片化时间是实现自我提升的重要一部分。在百度中搜索"碎片化时间",页面中出现的多是"我们的时间是怎么被碎片化的? 有什么好的时间管理方式?"、"如何用好碎片化时间,让思维更有效率?"、"如何利用碎片化时间,成为一个厉害的人"等。在报名所参与的英语课程中,部分课程会创建相应的微信公众号,不间断地推送一些优秀学员作为榜样案例。高效利用碎片化时间被多位学员作为成功经验进行分享。在冯唐的小说《北京北京》中,有一段描述了如何利用点滴时间学习英语的状态:"厚朴有时间就背英文单词……厚朴带了三本英文字典,《远东简明英汉辞典》《柯林斯字典》《远东大字典》,小中大成为系列,小的时刻放在他裤兜里,大的放在桌子抽屉里,不大不小的放在床头。"(2007:50—51)随着社会化媒体的迅猛发展,移动手机的轻巧便捷,进一步使然了利用碎片化时间进行"时时学习"的便利性。在不同空间配置不同规格的英文词典的现象在当前已经鲜少出现。街舞老师 Jony 每天睡前打开手机,在百词斩背诵 100 个左右的单词,已经坚持了近 1000 天。大学毕业离开南京去北京一家时尚杂志社做编辑的阿莱,在随身的行李中放了一本《新概念英语 4》,因为在她看来"英语说什么都不能丢"。但这本《新概念英语 4》仅翻看了两个月,取而代之的是每天坐地铁上下班的途中开始收听英语播客。因为这一形式轻便简洁,并且可以"更加有效地培养语感"。

第二节　英语学习社群的信息扩散和互动

购买在线英语课程后可加入相关的微信群共同学习,正成为一个重要的促销手段。在选定并交付英语课程的相关费用后,系统会发出加入群的邀请,通过扫描二维码即可进入一个虚拟的互联网络社群。通常,该社群的成员来自五湖四海,绝大多数彼此之间素昧平生。部分社群的建立依据报名申请的先后顺序,有的社群构成经历了英语水平测试和筛选。譬如在购买课程前,以选择题的形式考察学员的单词量。也有课程会设置英语定级测试,测试将语法使用、听力理解、口语复述等形式糅合混杂在一起。测试结束后,软件会根据答题结果生成学员所对应的英语等级,并针对等级推荐相应的英语课程。

一、线上英语学习社群的建立

在电视台担任编导近 15 年的朱濛,虽然工作后鲜少有机会使用英语,但学生时代长期的英语学习使她一直有"英语不能断"的认知,她将其称作一种"惯性":"尤其是教小朋友的时候发现英语忘记得一干二净了。偶然间看到英语文章,一眼扫过去发现哎呀看不懂。看到朋友用英语发的微信朋友圈,词也不难但第一时间就是打开翻译软件看中文释义的时候就会觉得很绝望。学了这么多年的英语,难道就这么丢了吗。"所以在工作后只要去书店,她都会特意购买一些英语词汇表或是几本英语书,诸如《疯狂英语 900句》《美语口语发音秘诀》等。在第一次通过微信朋友圈看到"薄荷英语"的打卡时,她产生了报名的想法。女儿 Lilian 上小学后自己的空闲时间相对增多,此外,平时工作中等待采访嘉宾、等待现场布景时也会相应地产生一些"不知道该干什么的边角料时间",都让她觉得如果用手机"学个几分钟的英语"会是一个高效且便捷的学习途径。但当她在某在线课程测试完词汇量,信誓旦旦准备报名、浏览课程介绍时,朱濛看到课程设立了微信群(最初她并不知道微信群可以选择性参加)。看到所罗列的学员在学习群中,在授课老师的朋友圈下积极分享阅读心得和体悟时,她犹豫了:"我觉得自己可能在一定程度上代表了'上课不爱举手发言'的一批人,我觉得阅读是个很私人的事情,我本身不太愿意和人分享阅读的感受,我还是自己安安静静看我的书吧。"已经在某英语课程学习 10 天的蒋小邱在报名前并不知道需要加入微信学习群:"一激动就报了名,不知道还要进群。如果我知道有这样一个群,我可能都不太想花这笔钱。就跟你平时上课一样。有些人一直在问问题,你不会觉得很烦吗。这个还稍微好一些,毕竟群消息你也可以不用看它。每个人学习的目的不一样。我就只是想扫一眼看看书那种,而有的人真的就是在正儿八经地学,在那里咬文嚼字的,他们是真的会有很多问题问。"

关于为什么要设学习群,不同的课程予以了说明:如"学习群抗击懒惰:老师在线答疑,组织讨论。每晚会在微信群里讲解当天内容";"学习交流微信群,班级氛围,一同进步";"配有微信群服务,督学指导全方面服务! 群内提供语伴、topic 等活动,组队打卡、对练交流再也停不下来!";"有氛围的线上学习微信群,有品位的线下见面活动";"是否觉得一个人学习太无聊,需要人陪? 从此前进的路不再孤单,我们一起成长! 是否有一群朋友或同学想相互督促和比拼? 可以创建一个属于自己的×××小班,将朋友们加入班里,相互督促、一起成长"。这一系列的推广语旨在强调:学习群可以提供多元的在线活动,这些均有助于英语学习氛围的营造,"还有大家的讨论,有学习氛围,成长也快";"确实比一个人琢磨好多了"。在课程介绍学习群的下方,过往学习群的微信聊天记录截图或是匿名学员的个人陈述作为传递性经验,对学习群的效果予以进一步的佐证。

虚拟社群构建了一个具体的、实在的场所。推广语中所提及的"在线答疑"、"组织讨论"、"语伴"、"topic"、"组队打卡"、"对练交流"、"相互督促和比拼"等是在这一场所中切实展开的各种媒介仪式。柯林斯认为互动仪式的核心是一个过程。在该过程中参与者发展出共同的关注焦点,并彼此相应感受到对方身体的微观节奏与情感(兰德尔·柯林斯,2012:78)。面对当今时代越来越多远距离交流方式的出现,柯林斯提出思考命题:没有亲身在场是否可能开展仪式呢? 这些沟通媒介是不是可以产生相互关注与情感连带呢? 在他看来,"远程的交流可以提供某些仪式参与感……某种程度的主观间性与共享情感可以通过电话与遥控视频而产生（尽管其效果可能会随相互交流的缺乏而减弱），然而与面对面的、具体际遇相比，仍然会显得逊色"。虽然远程电视教学已经被广泛应用于大众教育，演讲者与观众也能够相互迅速地识别注意力是否集中，并适时地调整情绪，但其效果仍然不如在同一间教室中的师生传授（兰德尔·柯林斯，2012：87—101）。在信息技术的支持下，在线英语课程建立起的学习社群不仅使网络虚拟社群教学成为可能，也成功地营造出了"学习氛围"。不论是拒绝加入学习群的朱濛，或是对该群设置了"消息免打扰"的蒋小邱，虽然他们出于各自的原因选择了逃避或拒绝，但均在一定程度上感知到了具有一定凝聚力和集体欢腾的"学习氛围"。

二、"学习氛围"的群体共造

通常一个学习社群中包含社群参与者（学员）、社群管理者（老师、班主任、助教等）以及虚拟社群互动形式（媒介端）。学习社群中的互动和参与热情，不仅是参与者自主性的驱动，更是三个因素共同合力作用的结果。所以，一名学习者从社群中收获成就感、集体融入感，感受到强烈的"学习氛围"，离不开各要素的配合与调度。

1. 开班班会：相互关注与情感连带的展开

在学习社群的人数达到一定数量后，群管理员将不再邀请新的学员加入。一个成员数量相对稳定、相对封闭的学习社群也由此建立。通常，群管理员（在学习群中会被学员称为老师、班主任或班班）会在正式开课前组织一次线上"班会"。

在某一在线课程班会中，老师（群主）首先将课程所涉及的内容（包括"每日一句"、"今日词表"、"今日阅读"、"配套音频"、"课后习题"、"群答疑讲解"等）逐一介绍。课程介绍完毕后，老师向学员罗列了完成 100 天英语阅读后可能会产生的"显性收获"和"隐性收获"。"显性收获"主要通过数字体现:"通过 100 天读完这 10w字＋的几本英文名著,你将会积累上千个高频单词、上百个常用短语、数百个实用句型。""隐性收获"主要来自学员的分享。例如"从前是见到英文句子就发怵的理工男,现在平心静气地看完一篇英文学术论文只是一刻钟的功夫"、"从前翻开英文小说,1 个小时只读完三页,而现在看英文小说比看英文电影还入迷"、"也有不乏50＋岁、70＋岁的长辈们为了跟上孩子们的步伐,积跬步活到老学到老乐此不疲"等。在每个案例文字叙述后,老师会将相关的图片贴在下方。这些图片中,有学员在学习社群中的个人叙述、在社群中的对话互动、学员和老师间的单独交流,学员根据阅读书目创作的绘画作品或绘制的人物关系图谱等。和之前宣传学习社群效果所采用的微信截图类似,这些图片构成了具有参照性的、可视的传递性经验。

群管理员在做自我介绍时,会称自己为"班主任"或是更具亲密性的"班班",将群中的成员称为"同学"。某课程组建社群当天,班主任组织了一次长达一个多小时的线上"开班典礼"。6 点整班会还没有开始,已经有学员在群中表现出迫不及待:"开始啦!"、"6点 01 了哎"、"班班呢"。随后班主任列出班会的五部分内容:"为什么很多人学不好英语"、"课程基本操作方法"、"微信群服务"、"常见问题答疑","班规 & 彩蛋"。班会采用班主任提问,学员以文字或语音的形式参与回答,班主任总结并推进的互动形式。整个过程中,学员们表现出了较为高涨的参与热情。

> 班主任:"……那大家觉得到底怎么样才算是学好英语呢?"
> 学员 A:"听得懂 说得出 看得懂"

学员 B："至少我觉得能用来交流"

学员 C："高考，对话，出国"

学员 D："可以和外国人流利对话"

......

班主任："接下来我们说说为什么很多人学不好英语。大家可以先想一想自己的中文是怎么学会的"

学员 F："耳濡目染"

学员 G："爸爸妈妈教的啊"

学员 H："从小就开始学中文，学的多也用的多"

学员 I："中文天天都在用"

学员 J："语言环境"

学员 K："母语"

学员 L："基础......和日常交流最重要"

经过几轮的班主任提问和学员讨论后，班主任进行了总结："所以语言的正确学习路径是听—说—读—写。同意的打 1"。很快下方出现了一长串的"1"，有学员打出"11111"表示认可的程度。即使班会已经展开了新的话题，也能不时看到群中有学员打出"1"。这一具有节奏感的互动形式在其他课程的学习过程中也多次出现。例如，每天早上，某课程的班主任会在群中发布"昨日学习榜单"。榜单中罗列出昨天群中有多少位学员没有学习，多少位学员学习，其中又有多少人学习时长在 30 分钟以上，并会着重表扬学习时长排名在前三位的学员。榜单发布后，班主任说："看到榜单的给班班回复：今天我要打卡！"很快在榜单的下方出现了多条"今天我要打卡"的学员留言。不论留言内容是"1"还是"今天我要打卡"，均简洁且具有明确的目标属性，并在不断的重复中形成刷屏,产生了独特的律动性和感染力。

构建社群规范是班会的另一重要作用,其中"群内禁止广告和投票,违者退群"更是作为群规的"重中之重"。对于在以学习为主要目的的社群中发布商业广告等相关内容,群中学员普遍持否定态度。李杰在某英语晨读类的微信小程序中已经坚持晨读累计三千多遍,并同时加入了微信的"晨读万人群"。每天阅读完课程推送的文章后,他将生成的"专属海报"发送群中,并通过微信语音形式在群中将当日新闻再次进行朗读。李杰所在的社群人数接近200人。某天某群名片为"XX工厂店"的学员在群中发布了一段"复制此消息,输入验证码,领取专享红包"的广告文,立刻有学员"@"了该名学员,并同时"@"了群管理员:"XX工厂店,你和你邀请的@XX进群后从没见过打卡学习,微信群默认群规禁广告靠的是自觉,事不过三,大家都互相尊重一下好吗?"该学员同时将这段广告语拍照截图,并将照片再次发送群中,表示已经对此行为进行了存档和记录。这条回应得到了不少学员的点赞和认可。

2. 语音发送和"@":日常互动的激发与串联

某课程群在创建后的第三天,班主任发布了一条任务:

大家早上好,我们先来个自我介绍接龙。初学口语者可以中文哦,来认识更多志同道合的朋友吧。

The first topic is self-introduction. From now on, we study, chat or even compete in this group. So introduce yourself to our classmates, your name, hometown, hobbies, of course you can also introduce your career. And tell us why you want to improve your oral English. Come on, we are looking forward to your story.(第一个话题是自

我介绍。从现在开始,我们将在这个群中学习、交流甚至比赛。首先向你的同学们介绍一下你自己,你的姓名、你的家乡、你的爱好。当然你也可以介绍你的职业,并且告诉我们为什么你想提高自己的英语口语。来吧,我们期待听到你的故事。)

　　谁是第一个接下去的人呢,第二位同学要和上一位同学问好哦,依次接下去。

　　该任务发布后,在当天不同的时间段中,一共有 24 名学员在社群中录制了一段语音版本的自我介绍,时间长度通常在 10 到 50 秒之间。为了和"上一位同学问好",即将在群中发言的学员须先聆听上一位同学所发的语音,记住他/她的姓名,甚至留意其中的细节。譬如:"Hi Coco, like your name","Hello Rain, it is exciting that we could learn together and improve English",再继续自我介绍。这一简单的互动形式,使之前发送语音的学员感受到了承接和回应。

　　在课程进展的过程中,一共组织了三次学员在群中发送英语语音的活动。第一次是在班会中。在讨论到学习方法时,班主任提出"发音问题要从最简单的词语去纠正,比如说 is, a, an, this, that, he 等"。她先在群中朗读了一遍容易念错的读法,又示范了一遍正确的读法。虽然班主任并没有让学员跟读这几个单词,但是仍有六名同学紧随其后,在群中将这六个单词语音朗读了一遍。第二次是在开班的第二天。班主任在群中发布了一句名人名言并让大家"朗读或背诵这句话","班班帮你听你的发音给你提建议"。在短短一个小时之内,12 位学员参与到朗读活动中。

　　通常,这样的活动可以作为刺激源,激发学员的参与热情。面对虚拟社群发送一段英语语音,且如果这段语音不在发出后的一定时间内选择撤回,将会长久地停留在群中。所以当学员按下按钮开始录制时,这一行为本身同时也是迈出私人学习空间,寻求公共认可的第一步。学员个人已经预想到,该语音将会被群中的老师和学员点击、倾听和点评。他的语音、语调、表达的流利度等诸多细节会被放大。被围观的兴奋和对于反馈的期许,激发了展示的热情。而信息会被长久保存在群中的事实,使他们在正式录音前会更为精心地设想和构思。所以每当组织这样的活动时,群中经常会出现"XX撤回了一条消息"。参与者将语音撤回后会再次发送一段语音,部分学员会对之前的撤回行为做出一个解释,"念不好,中断"、"终于念对了呜呜"等。

在学员发送英语语音的同时,群中的其他成员也积极地参与点评。过程中,"@"键被频繁地使用。两个人以上以微信为传播平台的虚拟社群中,如果需要和社群中某位指定的个体对话,可以使用符号"@"键。这时,被"@"的人会在微信客户端接收到被"@"的信息。在活动参与的过程中,班主任会"@"某位学员,点评其发送的语音:"很不错哦"、"棒棒哒,声音也好可爱"、"很好,表达最重要的是能让对方听明白,适当放慢语速就会比较清晰"。群中的其他学员也会通过"@"键对某位学员进行针对性点评,评价通常正面且积极:"你和我坐飞机时听到的航天广播一个音,太厉害了吧"、"你的英音好好听啊"、"重复听了好几遍,模仿不了,厉害呀!"等。参与可以接收到回应,甚至是鼓励和支持,会带来积极的情感反馈,继而推动他们更加充分地融入。在由陌生人所构建、弱关系所主导的社群中,"@"具有明确的指向性,成为串联日常的一个纽带。学员通过"@"老师或班主任,提出问题和对课程的修改意见。老师或班主任在回答问题时,会通过"@"针对学员提问一一予以回应。学员之间也会通过"@",回答彼此的问题、交流参与群内讨论,譬如"谢谢@XX,我同意你对 which 的理解,但 feel very much 还是有些拿不准";"感觉差不多明白了,@XX @XX 谢谢你们!""@"与其后面的内容,标志着个体在社群中"进行智力、行动力、社会资源等方面的投入",为学习氛围的营造贡献能量。

3. 个人经历分享:情感升腾与集体兴奋

在以知识学习为主要目的的社群中,人们不仅提出困惑、提供答案、分享见解,也会在群中分享个人学习的心得和体悟。

某课程在报名后提供二维码,邀请学员"扫码入群"。由于报名课程较迟,等到我的入群申请通过验证并正式进入学习群时,在线"开课典礼"即将接近尾声,但群中仍在进行学员的自我介绍。有"想要保持学习习惯,希望开口说英语,口语比较差,阅读能力也不好"的学生小树;"正在努力开办教育工作室并给女儿做榜样"的吴妈妈;"希望可以通过这次学习培养自己阅读外刊,跟外商有多的话题沟通"在外贸公司工作的小鸭等。学员的自我介绍中既包含个人职业,也表达了对于报名该课程以及英语学习的一些想法和诉求。过程中,老师也会对每一位在群中分享的学员予以鼓励。"一起,慢慢来,比较快!","加油!","先来个十天的小目标"等。

某课程学习群在老师的建议下,绝大多数成员将个人名片修改为"名字—城市—职业"(如"丹丹—大连—审计";"果果—江阴—房地产"等),目的是"方便大家互相认识"。修改后的个人名片在社群建立的初期也引发了一些小范围的互动和讨论。譬如,当某位学员在群中提出或回答某个英语问题时,会有其他学员"@"他/她,就个人信息展开简单交流:"气象我也是气象";"你好,我也是耳鼻喉科的"等。

在课程的最后一天,学习社群通常会举办"结班大会"。其中一个重要环节是邀请学员分享个人学习的体会和感受。譬如老师提出，"大家可以在群里谈谈你这段时间的学习感受，以及想要对同班同学说的话，形式不限"；或是由课程的班主任对课程内容进行总结，表扬了"集习惯和坚持于一体的学霸"，紧接着班主任提出倡议："大家学习上有什么感受和想分享的趁最后一次班会快讲出来吧。"这一号召很快就赢得了学员们高涨的参与热情。参与其中的既有完成全部课程内容，取得预期学习效果的学员，也有未能达到理想学习效果的学员。

> 　　我的外国朋友多，常出国……一个人在机场的时候！跟朋友一起聊天的时候我不想做哑巴！不想比手势！这是我最大的动力！所以坚持！接下来也会继续坚持着……还有就是学习会让我很充实！每一个 nice！让我每天都很满足！心情会很好……学习的时间，世界都是我的……非常 enjoy 它
> ……已经慢慢变成了习惯，不仅仅成为睁眼后第一时间打开的课程，而是成为繁杂世界中的一味静心良药……
> 　　我本来坚持得好好的，突然……突然……过年了，然后……然后……这一过就是十多天，前天才又继续，我能怪春节耽误我学习，且来匆匆去匆匆么

虽然社群成员彼此间互不相识，但是当有人在群中表达学习体验和心得时，这些感受因为潜在的相似性产生共情，使更多的学员从中获得情感力量。整个社群也产生连带作用，其情感状态也愈发得活力且富于激情。当更多的学员参与分享，参与者之间也展开了互动："加油@XX 我弟弟跟你一样，但是不怎么学习，你很棒了"、"@XX 你太牛了，每天都想超过你学习的时间，实在挤不出来了"、"@XX 同感＋1"等。当下所迸发出的情感强度，发展出

短时的"集体兴奋"。在分享的中后段,会看到成员之间充满斗志的相互鼓舞:"非常开心,希望大家都越来越好!""看完了所有分享,大家都很棒,愿我们都能在未来遇见更好的自己。""祝大家一直坚持下去呦,一起努力!"既有的集体纽带因情绪的感召进一步强化,深化社群的凝聚力。

第三节　自我管理的全景式形塑

不论是否加入学习社群,人们报名、购买、参与网络英语学习最重要的目的是知识获取。如果说班会的组织、在线的讨论和互动、学习经历的分享等均是为了营造社群的学习氛围,更为长久的目的是强化个体对于英语学习重要性的认知,促使英语学习真实地发生,成为日常。

一、作为自追踪的任务导向型网络打卡

"打卡"正在成为越来越多线上英语学习者的惯例和日常,也多次出现在英语学习社群的日常交流中,"发到朋友圈就算打卡了是吗?"、"打卡需要发吗"、"16组打卡,顺祝大家新年快乐,心想事成"、"打卡是一个加强自律的好方法,I like it"等。网络打卡正在成为新媒体时代一个日益广泛且频繁的媒介仪式。"从早起、不熬夜、运动、阅读、练琴,到吃水果、喝水、养生,不少行为都采纳了线上打卡模式。网上甚至还有过一款专门针对家长的'戒吼'打卡产品,用于训练他们在孩子调皮捣蛋时,克制住自己不向孩子大吼大叫"(邓舒夏,2018)。"打卡"一般是指工作人员上下班时把考勤卡放在磁卡机上记录下到达和离开单位的时间。通过打卡可以反映出工作人员是否按照所在单位的规定,达到一定的工作时间。

打卡记录也因此成为衡量员工工作表现的一个重要指标。纷繁复杂的线上打卡在一定程度上延续了传统意义上企业打卡考勤的意蕴内涵，但所涉及的领域以及实践形态均有了进一步延展。这其中，以完成所设定任务为导向，在各类网络平台上以不同方式规律地记录、展示和分享经历及进程成了新媒体时代打卡的重要特征。

作为一种媒介实践，任务导向型网络打卡所呈现出的目标性、规律性和流程化等特征可以将其归类为个人行为自追踪（self-tracking）的一种类型。自追踪同时也被称为生活记录、个人分析和个人信息学。它通常是指人们针对生活的某些特定方面展开监视和记录，根据所收集的数据进行组织、分析和诠释，并思考这些数据如何为个人生活提供洞见（Lupton，2016）。Lupton 关于自追踪的定义同时结合了技术维度和实践维度。一方面，随着物联网理念的逐步深化，以可穿戴设备为代表的移动终端可以对人体多项信息，如地点方位、身体状况、运动数据等进行及时且准确的采集、监测和处理。另一方面，个体并不是完全被动地获取数据，而是发挥个人主观能动性参与数据的收集和积累，并基于可视化的日常生活习惯和身体状态展开相应的反思和调节（Lomborg and Frandsen，2016）。近年来，随着量化自我概念的流行，在多个场合与自追踪交叉使用或是将两者视为同一概念①、一种自追踪

---

① 量化自我这一概念最初由 *Wired* 杂志的两位编辑 Gary Worf 和 Kevin Kelly 提出，其内涵是通过数字（如统计每日走路的步数、摄入的卡路里、睡眠以及深度睡眠时间等）获得自我认知，并在此基础上进行改变，从而提升个人生活。Gina Neff 和 Dawn Nafus 在著作 *Self-tracking* 中进一步区分了量化自我，提出"小写的量化自我"（quantified self）与通常所说的自追踪含义相近。而"大写的量化自我"（Quantified Self）特指由 Gary Worf 和 Kevin Kelly 所创立的自我量化社群。社群成员更多地将重点放在通过数字获得自我认知和自我发现，而不仅是自我提升。

实践类型。

　　当前关于自追踪的研究主要集中在健康领域,侧重于自追踪过程中人机的交互关联。一方面考察使用者的行为和心理特征,优化自追踪软件。譬如,Li 等研究者(2010,2011)将自追踪过程分为准备、收集、整合、反思、行动五个阶段,提出软件的设计需注重整体性、灵活性、平衡型和多元性。并进一步指出,人们在自追踪过程中会针对当前数据状态、过往历史记录、目标设定的合理性、目标与实际状态之间的差距、在数据收集时发生的其他产生影响力的事件、影响行为的多因素等提出问题,但当前自追踪软件并不能很好地满足个人自我反思的需求。Epstein 等研究者(2015)认为,随着自追踪在日常生活中的日益渗透,人们的使用动机和过程也更为复杂和多元。基于"生活信息学"理念,Epstein 等提出了包含决定追踪、选择工具、追踪和行动以及停止四个部分的模型。模型将追踪和行动部分作为涵盖收集、整合以及反思的一个连续动态性过程,同时也考虑到在追踪过程中参与者会出现短期或长期暂停并重新开始的可能性。

　　另一方面,研究者侧重于考察自追踪对于参与者的主体形塑。数据的可视性、可知性和可控性意味着个人对于行为的感知、衡量和把控更为准确、客观和科学。这使自追踪过程同时也成为个人积极且自主投入的自我实验(Kristensen and Ruckenstein,2018),是个人被赋能的过程(Ajana,2018)。在追踪、收集、反思、行为调整的过程中,随着个人与数据的关联性逐步深入,自我也在过程中逐步显现。有研究者认为量化自我是自追踪的本体隐喻(Didziokaite,Saukko and Greiffenhagen,2017)。值得注意的是,隐喻虽然可以使我们更快速地把握未知,由于隐喻总是用某一概念来描绘另一概念的特定侧面,隐喻的运用必然会遮蔽目标域概念的其他侧面(李红涛,2014)。自追踪的参与者曾多被形容为"数据迷恋者":他们视数据为权威,试图利用数据去克服日常生活中的各种复杂性和不确定性。有研究者指出,这样的刻板认知模糊了自追踪个体身份的丰富和多元。参与群体在目标设立、参与方式、路径特点以及产生的影响等方面存在差异。量化自我中的自我不是一个可控的、静态的自我,而是动态的、情境化的自我(Sharon and Zandbergen,2017)。在自追踪过程中,用户不同程度的认知和情感投入,以及从中获得的自我认知,意味着自追踪同时也是一个意义建构的过程。Lomborg 等将凯瑞的仪式观作为理论基础,指出从传播学视角解读自追踪现象,应关注特定的媒介实践是如何在日常情境中建构和维系一个共享的文化价值理念。Lomborg认为在展开自追踪的过程中,个人同时在三个维度开展实践:与相关软件形成互动、与自我形成互动、与他者形成互动。三个维度既相互独立又互通有无,处于持续的互动和变化之中(Lomborg and Frandsen,2016),这三个维度也为展开关于英语学习打卡的讨论提供了理论框架。

总体而言,对于同一课程的英语学习软件或在线课程,卡的式样相对固定,主要产生变化的是卡片上的数字。它清晰地反映出随着时间的推进,英语学习正在该平台上有条不紊地展开,相应的知识也在不断地累进和积聚。但值得进一步思考的是,为什么设置打卡环节;打卡对于所设定目标的实现起到了怎样的作用;如何理解人们对此所产生的热情;是什么因素驱动着打卡行为的延续;通过看似重复且流程化的媒介实践帮助实现个人自我成长,这对于参与主体又意味着什么,其背后又反映出媒介与主体之间怎样的关联。

二、量化型社交分享与自我呈现

大学阶段就读于国内英语专业，研究生在美国读商科，毕业之后在纽约一家会计师事务所负责报税业务的 Vivian，看上去并没有业余时间学习英语的必要性。但当接受访谈时，她已经在某在线英语阅读课程学习了 88 天。选择课程的初衷，Vivian 说是"因为平常上班讲的英文都是税单、税法啊这一领域的词汇，跟同事交流也是，跟客户讲话也是"，所以一直希望能够有机会"多看看文学类的内容，再接触一些不一样的英文"。明确的学习目标、清晰的时间规划以及每日定额的阅读内容分配，这一在线学习形式也是她之前从未接触过的："我是第一次碰到这样的软件，以前从来没有，我觉得还挺方便的。就像电子书的格式，它给你分配好每天读多少内容。我有的时候买一本书在家，最多就是看前面几页，看个十分之一，前面的书翻得很旧很旧了，后面就是新新的。这个就是完全给你划分好了。它有那个日历表。日历表我是从十月份开始的，一个圈一个圈地画好，这 20 天是读哪本书，每天给你分派好读的三四页的章目数。还有音频，不想（读）的话我在地铁上就直接放音频，就直接不看了。也挺方便的。"有意思的是，在完成课程设定的词汇量测试后，Vivian 并没有选择与其英语能力相匹配的阅读等级，而是特意选择了"比课程推荐简单一点的级别"，"因为我就想平时上下班在地铁上看看，不想太花时间的那种。所以选了一个相对比较不那么费时间的"。Vivian 将"签到"作为"监督自己每天要完成事情"的一种形式。在已经完成阅读的 88 天中，她有五天因为工作忙碌忘记"签到"，只能在第二天进行"补读"，这让她感到不满："刚开始的时候是第一本书漏打了一天，第二本书也漏打了一天，第三本书我就给自己一个底线就是只能漏打一天，结果第四本书的时候我漏打了两天。可能对于个人来说，我喜欢做事情有开始的话就必须要有一个完整的数字结束。对于这种打卡类型的东西。中间要是断了的话我就觉得挺难受的。"

将完成学习任务后自动生成的、记录学习日期和内容的卡发送至社交平台，这一行为本身同时也是个人学习历程的一次"自我暴露"。卡上清晰地显示出日期的演进和学习内容的堆叠，以累进的方式串联起个体"日常生活行动轨道上的自我导引点"。这同时也意味着日期的断裂或搁浅将会以更加显性的方式呈现出来，并接受他人的关注。对于突然出现在社交圈的英语打卡热，陈辰虽感到"不可思议"，但想到自己在健身长跑时也有过在朋友圈打卡的经历，她对这一形式表示理解。"打卡"在她看来是一种动力机制：

> （打卡）就气势不能断。你一断你就做不了这个事情了。比如有的人说我喜欢打卡，但这种真的是意念性的。跑步也好，读书也好，首先它是需要毅力的，它比较枯燥。一般人如果有时间他宁可选择玩，也不会选择跑步啊。它会让你觉得uncomfortable（不舒服）。它不是你的 comfort zone（舒适区），所以这些事情它需要你有一种气势，或者是一种外在的motivation（动力），它已经不仅仅是 inner motivation（内在动力）了，你打卡无非是别人会说：哇，你好厉害，你最近又跑步。哇，你已经跑了四天了。但就是这种外界给你的 motivation也很重要。光是我看我周围的朋友打卡，它不一定每天都有。

但他/她第一是获得自我的认可,他/她就觉得我发上去的那个瞬间我就完成了我今天的任务。第二就是你坚持很多天之后,还是会有人给你评论。会有人比个大拇指,还有人会写"星期天还读"之类的话。

　　打卡流程的格式化和程式化,使打卡成了一个稳定且具有延续性的媒介仪式,一个体现日常生活秩序感的媒介镜像。对于打卡者,在日常任务量相对一致的情况下,打卡天数有着更为重要的意义。它是行为积聚和个人投入度的重要标识,时间的连贯和完整也意味着相应的行为实践正在有条不紊地展开。正在展开第二期英语阅读课程的警官刘帆,已经打卡了 118 天。在开始第二期的课程之前,她重新测试了词汇量,词汇量从第一期时的 4800 增长到了 5300。同样让她惊喜的是,在开始第二期课程的时候,显示在朋友圈的打卡天数并不是从零开始:"比较意外是从 100 天以上开始计算的。因为我的朋友圈还没有人读到 100 多天,感觉不像是一开始的。如果是一开始的话我会觉得比较费劲,100 多天我觉得还是有底子的。"当打卡积累到一定程度后,她发现身边会不时有人跟她说:"最近学英语还挺用功的啊","我身边一些比较好学的人还会跟我说,我有每天都在关注你有没有按时打卡噢。有一个岁数比较长的同事,也是一个很用功的人。他知道我在学,因为我还是比较喜欢工作之外学习一些的。所以他蛮鼓励我的,就跟我说工作之外不要偷懒。你不打卡的话我会关注你的"。通常,参与者在打卡过程中所获得的互动并不太多,但正是这为数不多的"点赞"和只言片语的留言让他们印象更为深刻。他们意识到自身的行为会被注意,过程中微小的细节会被留意,甚至个人也具有带动他人共同参与的影响力。过程中收获鼓励和认可,不仅会进一步强化参与者的自我满足和自我成就感,同时也被视为自身影响力的一个缩影。对于个人传播力的感知,更让分享者自觉对于按时、规律地完成任务负有一定的责任(Teodoro and Naaman,2013),且越是规律的打卡者越能更为强烈地感到对于规律性的外在期待(Kent,2018)。但值得注意的是,即便完成打卡并不能明确地对应于任务的完成,也并不必然意味着参与者学习意识的高涨和自觉性的提升。实际过程中会存在"滑水"现象,即所谓"为打卡而打卡"。有访谈者坦言,自己有时会点开课程,直接进入打卡流程,或是"胡乱地做完题目",目的是快速结束当日打卡任务。完成规定的打卡要求,部分课程会将线上课程予以保留,方便学员日后通过回看进行复习。这也成为多数参与者自我安慰的重要理由:"我先滑个水把学费赚回来,等后面有时间了我再好好学。"

当用户选择将卡发送至社群或者社交圈中,卡所承载的课程、学习历程等信息也相应地辐射到以该用户为中心节点所构建的"枝权型"的网络社交圈之中。它已不局限是打卡者为获取相应奖励的凭证,同时也是个人学习历程的数字化档案,是生活秩序的展示,是他人在看到时"也许会在心中无意之中留下来的一种印象"。所完成的任务以及所投入的时间以一种特定的方式被记录和编码,构成了自我叙述的一部分。有网友将任务导向型打卡视为一种"振臂高呼的学习方式"。这一说法也印证了打卡的社交性、可见性和展示性。人际间的内容分享具有目标导向,更多是以服务自我为主要目标导向,包含形象管理、信息获取、情绪调节、社交纽带、说服等。这其中,受众和传播渠道等因素也会对内容分享起到一定的作用(Berger,2013,2014)。而多数网络传播是个人面向以弱关系为主体、不在场受众的传播,这也使形象管理在网络分享中的重要性更为凸显。在参与任何线上活动时,个人通过感知边界,考量与潜在互动者之间的亲密程度,选择合适的方式以展现理想自我(Boyd,2008)。作为自我记录的一种类型,打卡是在他者面前一段持续性的自我训练,一场规律性的自我仪式,是展现个人日常生活节奏的"报到式分享"。

三、网络空间的全景式敦促与驱动

福柯曾借用边沁所提出的"全景敞视主义"概念,揭示了权力如何通过空间构型生产出持续的可见性,使置身其中的人们时刻处于一种有意识的和持续的可见状态。而正是这种被监督、被凝视的自觉感知保证了权力效能的发挥,使其深入人们的行为,成为自我规训和自我管理的机制(福柯,2012b:153—256)。随着信息技术的迅猛发展,鲍曼和里昂指出当代社会进入了液态化的"后全景敞视主义"。"后全景敞视主义"对社会的监控范围更广,形式更隐蔽,执行效率也更高,并吸引被监控者主动配合(陈榕,2015)。网络空间推动且体现了"后全景敞视主义"。作为一个全景注视空间,网络数字空间在无垠浩渺的平台上将多重社会关系聚拢、杂糅和整合。个人在观看他人的同时也成了被观看的他人,而他人来自不同频率和强度的关系纽带。与此同时,个人对于自我优化和自我成就的渴望在竞争意识突出的当代社会体现得更为明显。竞争力意味着在短时间有产能,且比别人更有产能(萧易祈,2016:48)。为了获得竞争力,个人被鼓励或是自觉地以积极主动的态度面对人生,不满足于过往,自发行动去学习新技能,接受新的挑战。一方面,我们看到参与者对于参与任务型打卡以及可能的自我改变具有热忱。另一方面,随着越来越多的任务型自追踪与智能软件和社交平台勾连,自我注视和被注视,自我管理和被管理的力量和空间进一步增强和扩大,维度也更为多元。

某天,小鱼在微信朋友圈中发布了一张手机屏幕的截图。在这张截图中,小鱼将几个学英语的软件 App 放在同一个手机文件夹中,并取名为"坚持坚持"。在某线上课程的第一天,微信学习社群的负责人给全体群员开了一场一个多小时的线上班会。在班会中,班主任指出,除了学习方法的错误,很多人从小开始学习英语,但是直到大学毕业了十几年,英语还是不会开口说话的一个重要原因是"很难坚持"。当班主任提到"坚持"时,不少学员纷纷在群中留言发表意见:"钱投入得越多越容易坚持"、"……不觉得痛苦"、"其实并不痛苦对吗? 不要把学英语当成负担"、"把坚持当成一种习惯"、"习惯!"在看到有人提到"习惯"后,班主任特意"@"该名学员予以肯定,并接着说道:"大家应该都有听过 21 天养成一个习惯吧? 这其实是被心理学家证实过的:适应学习过程、养成学习习惯,平均只需要 21 天。21 天后你就不再痛苦,学英语本身给你带来的进步快感,就会让你主动做下去的。"坚持学习 21 天,班主任提出了三点建议。首先需要在大脑中赋予学习英语一个无比高尚的意义,这样就会产生动力;其次,班主任监督以及学习群有特色的语伴小组的互相监督;最后是班主任认为"非常给力的金钱刺激",也就是微信红包等形式的物质层面回馈。

关于什么是"语伴",班主任给予解释:"由于人类的天性,我们偶尔会控制不住自己,从而患上了'懒癌'并且觉得无药可救。为了帮助大家克服'懒癌',我们需要小伙伴的帮助与监督,即为'语伴'。群里 3—5 位学员随机组合,并在大群的基础上再成立一个小规模的学习小组。""语伴"概念的提出,很快就引起了学员们的兴趣。我所在的社群有接近 100 人,其中近三分之二的成员选择成立学习小组共同学习英语。通过随机选择,我和群中两名学员组成了英语学习语伴,并互相加对方为微信好友,组建了一个新的学习小组。建群后大家分别做了一个简单的自我介绍,其中一位是在四川一家咨询公司工作的向阳,另一位是在河南从事非英语教育工作的 Nika。

课程鼓励学员组建学习小组并以小组为单位在群中打卡。只有语伴小组全体成员完成了当天的英语学习任务,各自在小组群中发送标明已达到规定任务的"学习效率图",将所有图整合并转发到大群中,注明相应的组号才算打卡成功。与此同时,每天早上,班主任会在群中发布"昨日学习榜单"。榜单以个人为单位,按照学习时长和学习效率从高到低进行排名。有时,班主任也会根据小组打卡的前后时间顺序,罗列出成功打卡的小组名单,例如:"昨天打卡小组:11,4,17,16,18,10,7,9,2,6,15,1,8。有的小组开始缺胳膊断腿啦,赶快把组员的懒癌扼杀在摇篮里哦。"

因为工作需要,洪波报名了该课程的一个月试用,也听取班主任的建议和群中两名成员组建了"语伴小组"。虽然大家会在小群中偶尔交流英语学习的心得,但他至今并不清楚对方的真实姓名、年龄和职业。只知道其中一位是刚刚生了孩子的母亲,还有一位是一个男性。洪波所在的学习社群有将近 100 人,班主任会经常举办各种形式的线上口语活动。虽然因为工作忙碌很少参加,但这些活动的缺席并不会让洪波产生"不学习的罪恶感"。但以小组为单位的打卡形式却让他产生了"道德压力":"其实说到底也没什么,不打(卡)就不打了,谁又能拿你怎么样呢。但如果你由于自己的偷懒，你自己因为什么事情没有学，就会导致另外两个人不能在群里打卡，这样的话你自己也就会有负罪感，你有了这种负罪感之后，你每天就不敢偷懒，你就一定要先把这个读完。它就靠这样来激励你不断地去学习。"在一个月的学习过程中，洪波所在的语伴小组的打卡没有间断，"我们也不讲话，就打卡打卡打卡，以前还偶尔会讲讲，现在连话都不讲了"。但这个"沉默"的小群却成了洪波每天"心中的一点记挂"："每到这个时间段（晚上8点钟）就形成了条件反射，今天还没有学英语，还没有学英语，就是我心里的负担，也不能叫负担吧，就是提醒我必须要去学了。"洪波原本考虑一个月学习结束后不再继续课程，但语伴小组中另一个学员又报名一年课程的消息激励了他："那个男的很有毅力，他每天都学至少50多分钟，非常认真。我觉得他都能这么坚持，我心里面就暗暗地有一种榜样的力量。"所以他又续订了半年的课程。有意思的是，因为要照顾孩子，小组中的那位母亲原本也不打算继续课程的学习，但是在看到小组两位成员都续订了课程后，她也毫不犹豫地续订了半年的课程。虽然现在加入了新的微信学习社群，但洪波并没有按照老师的要求组建新的语伴小组，而是在每天完成既定学习任务后，以个人形式在社群中打卡，以此表明虽然没有和群里的任何一个人结成学习小组，但仍然每天坚持学习。同时，他将卡再发到原先的三人语伴小组，"我们三个人说好了要一起学的，群不解散，我们还是每天在发的，大家彼此都没有掉队"。当被问到是否身处这个三人小群让他产生了一种不知道彼此是谁，但是仍然相互扶持学习英文的感觉时。洪波笑着说："也没有那么感性啦。一开始肯定有点，但我真的已经形成了一种习惯，已经很漠然，形成了一个规定动作，习惯性动作。"

在课程的"总结班会"上，不少学员在分享学习体悟时，都提及学习小组对于自己英语学习的帮助，"中间有时候也会想偷懒不想学习，但是建立小组真的很 nice 耶。想偷懒的时候，看到小组的小伙伴坚持打卡，为了小组荣誉，我也会马上打卡 app 坚持学习。非常谢谢班班，也非常谢谢我们组的另外两个小伙伴哦"，"我发现这次学英语和以前有蛮大的区别，这里有班级有班班有小组，有组织有纪律有人相互监督能避免我懒癌一犯就不学"。不同的语伴学习小组有不同的交流互动形式，研究并不能予以穷尽。但在社群中的几次互动让我有机会了解到一些语伴小组的交流特征。

　　案例 1：在语伴小组成立后的第三天，一位学员在群中说："我想跟大家说一个我们组很感人的故事，我们组的 XX 本来准备应酬请假，但是他的语伴们集体驳回了他的想法，XX 就先回家完成学习之后再去应酬了，我认为很有必要公开表扬一下他。"

　　案例 2：某天临近中午，某学员在大群中将昨天所在的小组语伴的卡发在大群中。并注明：补昨天打卡。在班主任给她发了一个表示赞扬的大拇指后，学员补充了一句："年底任务比较忙，昨天因为我没有打卡，耽误了队员。"

　　案例 3：同组的向阳某天因为工作繁忙而不能按时打卡，在看到我和 Nika 均发了今天的卡后说："今天我打不了卡了，抱歉抱歉。"

关于为什么要组语伴，班主任在组建群的第一天班会中回答，

"根据班班的经验，一个月的学习能坚持下来很大的一部分原因都是语伴小组的成员，所以如果真的想好好学，组队学习是个很好的选择"。"语伴"被班主任称为"学习的战友"。将语伴作为"战友"的隐喻表达，其背后是对学习过程的隐喻表达：学习是一场长久的"攻坚战"。"胜利"在这里意味着"能坚持下来"。隐喻对现实的特定面向是选择性地"强化"与"遮蔽"，同时也构成了"我们借以展开思考和行动的日常概念系统"（李红涛，2014）。"战友"的隐喻铺陈了学习的基调，它潜在地强化了这样一种认知：英语学习并不是一件轻易达成的事情。过程中需要并推崇坚持、毅力、不怕苦、迎难而上等一系列品质。在相似动机的驱使下，群中绝大多数学员自发选择语伴小组，与陌生人产生了小规模的、一定时间期限的社会际遇，并在建立伊始就明确了需共同完成的任务，同时也对群中每个人提出了相应的期待和规范：每日按时打卡，彼此督促。作为"战友"的语伴，以心照不宣的目标属性、高度的仪式化、不断的重复性得以维系。而集结了一个组所有成员"卡"的"群聊的聊天记录"成为群体完成度的表征符号。每个成员都与符号的成形息息相关。与他者以任务为导向的联结，解释了为什么洪波一想到今天还没有完成打卡会产生"负罪感"；因为忙碌不能打卡的向阳对组员感到"抱歉"；没能及时打卡的学员会认为自己"耽误"了组员，甚至对语伴日程安排的"指手画脚"都显得有理有据。同时，语伴的存在、他人成功的打卡、当天任务的按时完成，成为有意或无意的触发点，有形和无形的提醒物。社群成员完成任务被视为一种积极的行为展示，并借由社交联系使个人可以时刻参照、比对和反思。但同时群中也会出现诸如"今天很不舒服，请个假，对不起"；"你们都好厉害，我最近是彻底放弃了"等"不为所动"的学习态度，甚至也会有群成员全程从未参与。这也反映出个人与该类社群的关系既疏离又依赖,他人的行为动态并不必然能够催生个人"积极进取的信心与渴望"。

除了语伴小组,不少受访者在手机中设置"学习提醒时间"。除此之外,部分线上课程也会不定时跳出窗口,提醒参与者完成任务,如"又逃课!又玩手机!手心伸出来～pia piapia"等。同时,在参与课程的过程中,学员会不定期收到老师或班主任通过一对一对话的形式,对个人学习进程、学习效果等予以提醒。智能终端对学习行为轨迹和频次的清晰记录使得该类提醒更具有针对性,如:"Hello,看到你4号、7号没有读书,记得要补上哦"、"你好呀,我们的第二本书还有4天就读完了哦。看到你还有很多天的没有读呢,抽空记得要把没读的补读一下,这样最后课程结束才可以回看,有任何问题欢迎找我啊,期待看到你全部补完的截图哦"、"Hello你好呀,今天是开始阅读第63天,不过看到你已经5天没读了呢,是不是学习或者工作很忙呢,辛苦啦。有空的话最好补读一下哦,越落越多的话就更难完成啦"、"班班看到你听原音比例比较低,是因为句子比较好复述吗?"、"看到你连续学7天了,而且掌握得不好的课程也都会及时复习,好学生耐力和坚持果然不一样"、"要不要现在给自己定一个小目标补读之前的内容?按时完成可以领取之前发过的奖励呀"、"这是班班跟VIP班即将进入level 5的同学要的学习心得,希望可以给你带来帮助"等。

与此同时,管理员不定时以学员留言截图、学习视频、学习笔记的图片、网络链接等形式分享"明星学员",如"收获奖学金和感情,让人好生羡慕";"从四级勉强过线到成为留守儿童的英语启蒙老师"等。"明星学员"多为具有强烈学习意识的积极能动者。坚持、进取心、自觉自律等个人品质被反复强调,如"发高烧还坚持不懈阅读";"年夜饭后 K 歌,为了不落课,躲在厕所里偷偷读完当天的内容";"不甘心断掉两年的打卡,在产床上拿起了手机"等。作为典范的学习者是可被推广和模仿的成功榜样。因为参与同一任务型打卡,远在的他者以学习榜样、过程监督者、行为调动者等多重身份出现在个人生活中,借由媒介技术塑造着我们的经验和生活。周宪将其称为"远距作用"(周宪,2015:221—224),而个人也在想像性他者目光的审视下经历着"远程管理"(Clarke,2015)。来自他者持续不断的"零敲碎打",对任务进程策略性地提醒、引导和动员,进一步维系并推动着个人的积极性和能动性。不论参与者选择接纳和调整,还是忽视甚至拒绝,个人已经不自觉地身处敦促自我管理、自我发展和自我实现的话语合力之中。

在某课程即将结束前的十几天,老师组建了一个名为"补读冲锋小分队"(后文简称"补读群")的微信社群。补读群的成员构成,依据老师的说法,"都是在前面落下一些内容,并表示愿意补起来的同学"。460 人的课程群中,有接近 50 名学员加入了补读群。不少学员对于该群的设立和自己的加入表达了意外:"没看错吧,还有补课的"、"不想说话,羞愧"、"老师太有心了"。等到群中人数基本稳定,老师发了微信红包,并请所有抢红包的同学分享自己在课程完成前的补读计划和目标。

学员 1:每天多读几篇

学员 2:每天 3 篇

学员 3:每天读 3 篇之前的+每天任务

学员 4:好的,每天三篇

老师:好! 记住啦,我会经常暗中观察你们的哦。每天完成了自己制定的补读任务的同学可以来这里打个卡。大家一起补读,会更有动力!

在未来的一个多星期里,老师每天下午在群中以文字或者表情包的形式呼吁大家完成阅读,"说好的补读,大家今天都行动起来了吗?"、"朋友们今天读书了吗,没有的话我晚点再来问一问"、"周末是不是时间比较多呢,补起来啊"。部分学员会对老师例行的敦促予以回应。"今日三篇读完! 打卡!"、"老师,我读完了昨天和今天的,实在是太困了,明天 5:40 要起床,要睡了"、"今天可能不忙,来个小冲刺"、"正在努力,菜鸟级别,有些吃力"。也有学员将不同颜色标注的每日"阅读计划"截图发在群中,向老师汇报每日的阅读进展。

老师:先小小地调查一下,大家平时都是特别忙所以没时间读吗?

学员 5:是的。

学员 6:是的。

老师:比如午饭之后,或者路上能不能抽出来 10 分钟读一读呢?

学员 7:主要是觉得不多花点时间读,粗略地读不合适。

学员 8:有时候忙起来就忘了。

老师:同学里面很多宝妈每天带娃也特别忙碌的,有些同学在半夜给孩子喂了奶还会读书······我们现在人生活太匆忙了,像以前学生一样有专门的独立的大块的时间学习已经不大可能啦……给大家推荐几个读书的时间,早上一起床,午饭后的午休,上下班路上,睡觉前(不过如果白天比较累就不推荐睡觉前了容易读着读着睡着)。

学员 9：我就是读着读着睡着了。

这段对话发生在"补读群"建群的第一天。事实上并不是每一位报名在线英语课程的学员对于学习可以持续保持热忱,按照要求完成相应的学习任务。在学习的过程中,既有可能出现高度的自制力,也可能会因为过程相对平淡而感到枯燥沉闷,冗长乏味。某课程社群中的一个细节似乎可以间接性地予以佐证。每天晚上八点钟是老师在微信群中的"授课"时间。在开课前的五分钟左右,老师通常会在群中以多样的表达方式进行提醒:"小板凳准备好了吗,快要上课喽","叮叮当当咚咚～预备铃响,要上课啦","五分钟后上课哦,有木有人哇","准备上课啦,在的同学举个手啊"。在课程初期阶段,群中相当一部分学员会很快予以回应:"老师好!","在的在的吖","要上课喽","小板凳已经准备好",也有学员使用"举手"、"鼓掌"、"谢谢"等各类网络表情包。但随着课程的推进,回应的人数及积极性逐渐减少。在课程进行到 60 多天左右,老师不再进行课程提醒,而是直接将当天的阅读讲义内容发布在群中。

虽然多数英语线上课程的广告对于碎片化时间的强调容易让消费者产生一种轻而易举和信手拈来的"错觉",但当学员报名课程之后会发现,不论其是 10 天、一个月抑或 100 天,都意味着将进入一个阶段,在其中每天花费一定时间学习英语成为惯常。在此过程中,除了参与具有规律性且井井有条的课程学习,学习者还会经历打卡仪式、学习社群、语伴小组、一对一私信和明星学员推荐等课程机制。这些机制通过网络平台既相互独立又互通有无，形成了一个全景式循环往复的信息圈，不间断地敦促和规训个体以自觉、合理、有效的形式开展学习，进行持续的自我管理，并赋予实现自我改变的希望。

第七章　学英语与中国人的自我建构

　　1982 年,中央电视台引进了英国广播公司制作的英语教学节目《跟我学》,节目一经播出即引发万人空巷。节目中的两位主持人:时任北京外国语学院英语系副主任的胡文仲老师和曾经担任法语版节目主持人的凯瑟琳·弗劳尔,成为全民英语偶像。

　　1994 年,电视连续剧《北京人在纽约》在中国热播并引发轰动效应,剧中的主题曲《千万次的问》更是具有广泛的传唱度。"千万里,我追寻着你"是这首主题曲中的第一句歌词。

　　当我们回望改革开放四十年来中国人的英语学习时,这句歌词"千万里,我追寻着你"和节目名称"跟我学"似乎可以成为中国人漫长英语学习征程的一个形象注脚。"追寻"意味着学英语的方向感。我们所追寻的或许是一口流利且地道的英语;是职场中潜在的升迁机遇;是可以走出国门学习并感知世界;是更加"酷"和"潮流"的个人形象;从更为宏观的视角来看,是更具吸引力和竞争力的国家形象等。在这一追寻的过程中,我们不间断地向他者学习,跟社会互动,也与自我对话。英语成了连接个人与生活世界的中介，是个人对生活世界展开想象、行动的一个起点。学英语的过程，不仅是对语言知识和技能的认知，更是在交杂融合话语中的自我实践。

第一节 话语盛宴下的学英语

本书分别探讨了国家、传媒、市场是如何诠释"中国人学英语"这一社会文化现象，以及在个人、家庭、社群和网络空间中又如何与上述话语产生对话，同时在学英语的活动和过程中展开一系列"话语流"，进一步丰富学英语的内涵。话语与主体实践处于持续的互动和变化之中，建构彼此也同时被彼此所建构，共同形成一个具有广义价值性的、关于学英语的话语矩阵。

在国家话语体系框架下，学英语已经成为知识传播和文化导航的重要途径和方法，这样的话语诠释带有鲜明的本土化特征，也同时派生出针对学英语过程中所产生"争议"与"热情"的情感与话语模式。自改革开放以来，不同时期国家针对英语教育的侧重点、英语学习途径和平台、实用价值宣传等方面存在差异性。但无论是政策法规，还是具体英语活动的传播要素和内容，都强调有一定的知识性和服务性，同时注重长远的战略性。从各类政策的演进、政府相关英语活动推广与培训等可以看出，英语教育目标、英语教学理念与定位、英语活动氛围的社会性营造、整体培训思路等，总体按照一种循序递进的话语进阶模式进行诠释和重构，并基于不同的话语传播进行有针对性的可操作性推广与应用，最终实现从国家话语到世界话语的升级。可以说，中国人学英语，在宏观导向上始终受到国家话语整体框架的影响。

作为社会认知图式的镜像和意义建构的资源，大众传媒为人们提供了"一整套公认的、约定俗成的符号意义与社会身份的表征体系，并敞开了一个自由选择、自主控制的符号空间"（郑欣、章译文，2016）。传媒话语既呈现了英语，也同时叙述了学英语。"英语"被建构为一个精致的、隐而不显的文化资本符码。中英夹杂的流利表达、地道且标准的英式或美式口音等，经由个体在不同场合策略性地呈现与消费，成了一种重要的表意手段，旨在传达出言说者与国际接轨、"精英范"、都市化等身份形象，被认为是体现个人成就与文化智识的标签和元素。而当这一具象化的符码与个人能力和个人身份紧密依傍时，它又在无形之中体现出身份的分野与区隔：英语与其相关的英美文化处于"鄙视链"的前端，或是不够标准的英语口音被认为"土"等，传媒话语勾勒并强化了我们对于英语的迷思和对精英身份的想象。

市场话语也在持续性催发着学英语的热潮。经由市场的宣传和推广，英语被包装成具有特殊价值的"商品"。市场话语基于学英语的分类需求进行传播与诠释，展开系统性的情感渲染。正如传媒话语将英语与"国际化"身份等相勾连，市场机构也相应地从命名、师资、广告等多方面宣传所具备的国际化元素，不断强调可以较为高效地培养学习者在全球化时代所需的全球文化视野。而在具体的培训课堂中，学习者不仅可以学习到针对各类型英语考试和各项英语能力的一系列"操作化的技术肢解路径"，同时也接触到广为散播的以励志为主要特征的心灵鸡汤。通常，这些心灵鸡汤的主人公因为英语学习，其人生境遇与社会地位发生了戏剧性变化，而这可以更加有效地激活学习者的情感共情，使其产生对自我经历的持续性反思与检视。但值得注意的是，始终贯穿于各类话语文本之中的，是机构在这竞争高度激烈的市场中的自我宣传。

　　学英语是一个复杂且多层次的过程。在微观层次中，个体会在多个情境下与他者产生互动，并通过互动中频繁的语言使用促进语料库的丰富和充实。这里所说的"语料库"不仅指学习者累积的点滴的词语句法或语用规则，同时是在过程中感知和审视他人的言行举止。因为优秀英语学习者的"刺激"，激发了学英语的斗志；将教育有方的家庭作为学习的榜样并效仿其为营造学习"氛围"所做出的努力；与众多学习者在公共区域英语角等地交流等，在学英语的话语空间中，这些均能给予个体以驱动力，能动地与此产生对话和协商，并策略性地对此效仿或做出调整。

　　在社会化媒体普遍而深刻的"过度分享"趋势中，原本被认为缺乏价值的碎片空间被极力拯救，充分利用与开发，呈现出一种积极的生产状态（刘涛，2014）。随着知识付费课程如雨后春笋一般快速崛起，人们已经不仅满足于愉悦且闲适、以社交娱乐为主要目的的微文本阅读，而是转为需要一定时间跨度、配合每日相对定量时间投入的知识付费课程。同时，基于融合和衔接的能力，各类媒介机制的话语在网络平台上形成交织，并对线下英语学习模式进行复制和重构。仅在同一课程中即可实现自主学习、一对一学习、虚拟社群学习等多种形式。更为重要的是，网络空间实现了对个人表现全方位的监督和规约：课程定时提醒、打卡、语伴小组、班主任敦促、所学时间列表汇总等提醒学习者日常任务的完成，同时也使个体时刻处于"有意识的和持续的可见状态"中。

　　围绕"学英语"的多元话语各有其独特性，彼此间穿插重叠，形成共振，使得所形成的关于"学英语"的知识多义且暧昧。作为社会认知图式的镜像和意义建构的资源，媒介话语铺设了一个巨大的认知语境，使学习者置身于"学英语"所形成的媒介语域和话语网络之中。

第二节　话语与实践的合构

对于中国人，英语已不仅是一门学科。学英语不仅愈发呈现出低龄化趋势，同时成为在职进修、职业深造的重要部分，甚至越来越多的老年人也开始了对英语学习的投入，这些都意味着学英语已经成了一个具有持久性的"个体化工程"。正如之前所分析的，英语学习成了由媒介话语所建构的系统知识，同时也是个人在围绕学英语所生发的话语合力下所展开的一系列的主体实践。话语引导着学习者的学习行为，学习者自身也在实践中展开自我观照、自我教育和自我管理。两者彼此关联，相互影响，共同纵贯于学习者英语学习的过程，影响着中国人学英语的意义建构。

一、话语的传播与引导

中国人学英语，学习的不仅是"通过训练并以经验为基础的句法和语法习惯"，同时也是围绕学英语所产生的一系列知识话语。这些知识话语通过媒介的生产、运作和散播，被广大学习者所感知，并渗透进学习者日常且细微的个人行动。所以中国人学英语，同时也是在由媒介所铺陈的相关叙事环境中的自我发展。

媒介是知识发端、散播、延续、变异、融合等过程的助推器。媒介对知识的传播主要通过两种方式：其一，传播知识本身；其二，传播知识的对象（李敬，2013）。在对学英语相关知识的传播中，话语将英语建构为个人竞争力体系中的重要一环。福柯曾指出,西方治理史发生过两次重大转型。治理术于 18 世纪中叶基于国家理由而通过规章模式来实施的管制主义,转向基于自然现实理由而通过放任模式来实施的自由主义,20 世纪上半叶又从自由主义转向基于社会理由而采取最低干预模式的新自由主义(莫伟民,2012)。大卫·哈维(2016:2)将新自由主义界定为首先是一种政治经济实践的理论,通过在一个制度框架内——此制度框架的特点是稳固的个人财产权、自由市场、自由贸易——释放个体企业的自由和技能,能够最大限度地促进人的幸福。随着新自由主义在全球的扩散和市场逻辑的渗透,个体自身决定成功的理念正在成为具有影响力的话语特性。有学者认为这是由"大写的新自由主义"向"小写的新自由主义"的转变。个人被要求具有竞争力。竞争力意味着在短时间有产能,且比别人更有产能。而当前,新自由主义全球化所强调的"竞争力",已从国际层面进入个体层面(萧易忻,2016:48—50)。为了获得竞争力,个人被鼓励以积极主动的态度面对人生,具有高度的责任感和冒险进取的精神,不应满足于过往。通过学习新技能、接受新的挑战,个人不断激发内在的潜能。

竞争力要求个人具有灵活的应变能力和创新能力,与英语能力相关的竞争力阐述不再局限于求职中被视为"敲门砖"的证书、更多工作任务的胜任、工作完成时间的高效。在多渠道的媒介机制中,英语被建构为象征现代、国际化、竞争力等多内涵的符码体系,与审美价值、生活品位、个人能力等相互勾连。学英语被认为可以在全球化时代中获得更多流动的可能性,跨越所身处区域的局限,超越所在阶级的限制。人们愈发明确地相信,通过学英语,可以最大限度地实现自我提升并发掘自我潜力。

在多个话语情境中，话语有意且无意的，以各种方式呈现出一个优秀英语学习者的个人形象，他/她被塑造为通过英语学习和付出实现了自我超越。这类型的故事出现在课堂中、培训机构的成绩榜单中、宣传单页中等。在多个真人秀和短视频中，人们会看到日常生活中所捕捉和呈现出的真实的、碎片式的个人英语学习场景。视频中的学习者无论年纪和职业，通常展现出了较为高昂的学习热忱、有规律的进度规划，或是抓紧点滴时间练习口语等。这些成功的案例一方面对学习者予以情感上的动员和激励。另一方面，人们也从中获悉学习方式。经由话语的阐发，学习者逐渐明晰应如何在英语学习上获得成功，他/她应具备勤勉、自律、专注、责任感等个人品质；保持热忱；并接受新事物和新挑战，参与竞争等。

二、空间的伴生与推进

虽然媒介话语阐释了学英语，不断强调学英语的重要性，但这并不能确保一定可以催生出学习者"积极进取的信心与渴望"。虽然媒介话语构成了日常生活中语词、话语风格的"语料库"和"指引点"，但这并不意味着话语可以直接渗透进个人的日常经验。受众会依据过往的经验和生活，对所接收的资讯予以解读，选择性地获取对其有意义的信息，甚至会产生与话语本意完全相悖的观点和论述（Turken，Nafstad，Blakar and Roen，2016）。话语可以对学习进程展开策略性的干预和情感动员，对学习者的行为予以导引，继而通过学英语进行自我治理。但也可能会出现，即便身处自我管理、自我发展和自我实现的话语合力，仍选择忽视甚至拒绝。话语在从支配他人的技术到形成自我技术的延伸和渗透中，我们不能忽略为进一步推动话语扩散和渗透发挥作用的隐性因素——空间。

空间并不是承载实践活动静止且无声的载体。政府举办的各类英语活动、民众自发组织的英语角、培训机构中座无虚席的课堂、父母为子女营造的英语氛围等，空间既是学英语相关活动开展的物理空间，也是人们所建构的社会空间。在相关的英语辅导书中，会鼓励学习者在合适的场合寻找外国人练习英语口语。当人们在街头巷尾、咖啡店、英语角等区域向外国人提出英语对话的请求时，这一行为本身即在搭建和连接新的社会关系。空间使然了话语的传递，帮助生成人与人之间的交往与互动，是具有丰富性和灵动性的中介性媒介。同时，空间与话语相伴生。当人们看到有出租车司机在等红灯的间隙拿出英语书阅读，或是上班族坐地铁时仍背诵英文单词，他们或许会对碎片化时间产生更为直观的感知，认为这些时间的缝隙和空档不应只用于愉悦且闲适、以社交娱乐为主要目的的微文本阅读，还可以作为知识学习、锻造竞争力的填充物。

在福柯看来，空间不再仅是容纳和象征，在权力—知识制度及主体之间，空间充当了重要的媒介，成为权力作用的物质形式（袁艳，2006）。他曾借用边沁所提出的"全景敞视主义"（panopticon）概念，揭示了 19 世纪权力是如何通过空间构形进行施展[①]。权力不依凭物质手段，仅通过空间构造即生产出持续的可见性，使置身其中的人们时刻处于"一种有意识的和持续的可见状态"。而正是这种被监督，被凝视的自觉感知保证了权力效能的发挥，使其深入人

---

① "全景敞视主义"所描述的是一种特定的建筑几何学构造，一种分解观看/被观看二元统一体的机制。它可以运用在医院、工厂、学校和监狱等场所。凡是与一群人打交道而又要给每个人规定一项任务或一种特殊的行为方式时，就可以使用"全景敞视主义"。该类型建筑形象的特点是：中心是一座瞭望塔，四周是一个环形建筑。瞭望塔有一圈大窗户对着环形建筑。在中心瞭望塔，人能观看一切，但不会被观看到。而在环形边缘，人彻底被观看，但不能观看。

们的行为,成为自我规训和自我管理的机制(福柯,2012:153—256)。空间一方面具有生产性,另一方面它配合话语对人们的行为轨迹予以规划。因为社会化媒体的出现,我们每个人均处在一个"多数人看多数人"的"全视"空间。移动网络空间整合了大众传播、人际传播、组织传播等多种相互区别的传播范式,依据亲缘、趣缘、业缘等建立起的社会关系网络聚拢在同一平台。空间大幅度便捷了人们的相遇和互动,也成为人际交互的中介,让个人在观看他人的同时也成为被关注的他人。在校园、培训机构、在线课程中,学生会感知到自己的学习动态处于老师的注视之下,子女也会感知到父母的注视和敦促。学习者的学习表现会通过"表格"、"照片"、"视频"等各种形式被记录和可视化。通过转发、上传等高度便捷性的操作在社会化媒体平台中高速流转,进入点对点的精准人际传播或是进入所在的虚拟社群。这些共同构成了一个立体的、动态的检视体系,将学习者纳入一个巨大的"观看网络"。

三、学习者的多元实践与自我建构

在学英语的过程中,话语为我们提供了可效仿的行为模式,拓展了思维的定式。而这一系列话语通过不同媒介机制的运作和散播,通过空间的使然和推动,对个体行为产生可能性的指引和塑造。在这一过程中,学习者也在能动地与媒介话语产生对话,有选择地内化话语并将其日益常态化,将其融入具有延续性和动态性的自我发展历程之中。

在学英语的过程中,英语学习者同时也在展开关于身份的想象。"想象"(imagination),不同于"参与"(engagement),它意味着自我不断的延展,超越时间和空间的限制,树立对这个世界和自我的全新形象(Wenger,1998:176)。人类学家阿帕杜莱(2012:

41)为"想象"做了全面且贴切的注解,他将想象视为一种社会实践,是所有形式能动性的核心。想象不再仅仅是幻想,不再是简单的逃避,不再是精英的消遣,也不再是单纯的沉思。想象已成为有组织的社会实践领域,一种工作形式(在此既指劳动,也指有组织的文化实践),以及能动者(个人)与全球定义下的可能性区域之间的一种沟通协调方式。Bonny Norton(2011)从安德森提出的"想象共同体"(imagined community)中获得启发,提出针对第二语言习得者的概念"身份想象"(imagined identity)。在学英语的过程中,个人会设想并预期未来身处于什么样的环境。在想象的环境中,学习者本人或是其家人等可以获得更多的机遇如更多的社会资源,以及相应的经济和社会的流动。英语学习的过程,同时也是和个体情感、认知、自我期许紧密相关联的过程。

在庞大且复杂的英语教育生态中,由于社会背景的差异,学习者对于学英语的期许会有所不同,对于理想身份的预设也会有所偏差。但多数学习者认为能说英语,能说一口流利的英语,可以有效地帮助实现社会阶层的上升、自我命运的改变,并且拥有多元的选择和更充沛的可能性。而作为全球重要的国际社交语言之一,英语和更便捷的全球流动紧密关联。虽然对于何为世界主义,人们多会感到陌生和模糊。但具备"感知世界,并在其中舒适、无拘束生活"的能力(Anagnost,2000),已经成为现代社会生活中一种理想的生活方式,成为具有一定身份感的个人标签和象征元素。身份的想象赋予了语言学习者关于未来明确的方向感,影响着学习者在英语上的投入。这种想象同时也包括人们认为特定的、可视化且可感知的英语符码可以传递出理想的思维意识、文化态度,乃至个人能力。对于英语口音,学习者有更为严苛的评判标准,会因为英语中所存在的口音问题而否认整体的英语能力,认为"标准的英式英语和美式英语"更有助于彰显个人身份的国际化且"洋派"。在此基础上，经由消费社会的推动和传媒的渲染，英语语言文化所对应的生活品位、消费逻辑和文化态度被认为是凝聚更多资本的文化符码和象征意向，位于"鄙视链"这一社会文化镜像中的"上游"。但值得注意的是，媒体同时利用英语塑造出了一个多面的人物形象。中英文自然娴熟的切换是媒体在展现果敢且干练的社会精英时会征用的元素之一，但在某些场合，人们又认为刻意"摆弄"英文借以彰显自己的文化智识，是具有目的性的印象整饰。解读的多面性反映的是人们对于流利的英语言说者这一身份想象所秉持的暧昧且复杂的情感。

除此之外，学习者对自身的行为保持着自省。不论是出于"工具性"目的，为了通过一门考试，通过求职面试，实现工作升迁等原因学习英语，或是出于"融合型"目的，对英语语言国家文化具备好奇与热爱而学习英语，经历过或正在经历英语学习的学习者均知晓英语能力的驾驭并不是一蹴而就。虽然绝大多数课程的宣传广告会让消费者产生一种轻而易举和信手拈来的"错觉"，但在报名了课程之后人们通常会真切地感受到，课程期间乃至课程结束后，只有每日一定的时间投入，在经历因人而异的、足够的时间长度后，才能实现预期的学习效果。在诸多关于"优秀"且"成功"的学习者的报导中，会配合诸如"奋斗"、"自律使我自由"、"对抗人性中的贪嗔痴，控制情感和时间"、"把握自己的生命"等一系列论述话语。这些话语时刻告诫学习者应摒弃懒惰、不自持、无目的性等学习或生活习惯，因为这些是缺乏责任感的行为特质，不能帮助实现预期的自我提升和自我改变。而这一系列的话语框架所带来的一个影响是，是否学习英语会影响人们对于自我及其生活模式的审视和评估。有的访谈者会因为不学英语而怪责自己"不上进"，即便在当前的工作生活中鲜少有机会使用英语;有人去书店会购买几本英语书,即使回去后并不会认真阅读,但仍然感到买书这一行为本身让自己感到"心安"。

在一篇名为《薄荷阅读是如何一步步占领了你的朋友圈?》的文章中,提出了一个有意思的问题:最近,"薄荷阅读"频频占领我们的朋友圈。一个人打卡有点傻,两个人打卡不稀奇,如果十来人打卡呢?再加上天天打卡呢?你是不是也有冲动开始自己的第一本原版书的阅读?当被问到为什么选择薄荷英语时,访谈者指出在微信朋友圈看到认识的人打卡,激发了他们点开链接进一步了解的兴趣,甚至开展课程的学习(曹忆蕾、张卓,2017)。在线英语课程在社交圈的裂变,折射出的是现代人勤勉的学习动力以及负责的自我规划意识。当人们看到网络中所分享的学英语的相关行为,甚至形成一定的密集度时,既有可能使人们对分享者产生新的认知印象,甚至有可能进一步激发自我提升的内在诉求和对于优秀的自我渴求。"卡"与之前所提到的"表格"、"照片"、"视频"等均成为一个具有载意功能的象征符码。作为一种个体行为,"打卡"同时也是一种自我书写和自我审查,是生活秩序的体现。而当选择将"卡"迁移至社交媒体时,也就意味着个人在朋友或陌生人面前展开一段日常化的、持续性的自我训练,一场按时的、规律性的自我仪式。但无论如何,行为本身即在提醒、激励、展示着个人品质,如勤勉、自律和审慎等。如果在一段时间内未能完成一定数额的"打卡",不仅会失去可能的物质奖励,更为重要的,是它意味着在自我和想象性他者目光的审视之下,个人未能展现出对于时间有效的自我调控和管理,未能进行具有一定自觉性的自我推动,未能在过程中克服惰性,充分挖掘个人潜能,未能实现理想的自我提升和自我实现。

四、语言的治理术

围绕"学英语"所产生的话语中存在着多种声音和对话，这些话语彼此间相互关联，共同维护、建构关于"学英语"的意义系统并互为注脚。当学习者开始学英语的这段"千里征程"时，随即进入了话语所建构的知识视野。基于此，研究提出概念——语言的治理术，进一步诠释过程中话语与实践的结合。

中国人学英语，同时也是在由媒介所铺陈的相关叙事环境和话语场域中的自我发展。不同的媒介机制虽然传递的内容有共通之处，但因为自身的特殊性使话语在对行为的引导上也存在一定的差异性，扮演着不同的角色。对于国家而言，学英语是一个系统的教育工程。这也使国家在学英语的话语上起到宏观导向的作用，影响着整个社会关于学英语的认知和活动，具有高度的综合性和指导性。传媒话语是社会文化的镜像。它也许并不会刻意地强调学英语的重要性。但是当它在多处将英语作为一种符号资源若隐若现地融入大量图像与镜像时，也同时勾勒出了一个鲜活的英语学习者和英语言说者的形象。通过将学英语与具有特定审美取向的生活方式结合在一起，激发人们的想象并推进了人们关于学英语与自我建构的感知。同时，商业逻辑的驱动使得培训市场在英语学习的定位上具有较强的目的性和实用性。通过宣传文本，机构希望传递出具有信服力的专业性、高效性和前沿性，以此激发人们对于英语学习的兴趣及投入。而当话语与个体日常学习行为产生交互，彼此间重叠穿插、形成共振时，当个人在英语学习过程中自觉地展开自我驱动和自我管理，有意识地调整行为规范，自我克服惰性和困难继续坚持，未能完成任务时会产生愧疚感等，这些均说明学英语推动了自我认知和自我检审的增强。个体正试图将所听闻的话语作为自我行为准则并运用于学英语。学英语引起了积极的自我学习和自我管理。此外,"语言"具有一定的延展性,不仅局限于学英语。当我们参与一项社会实践活动时,我们同时也进入了由媒介话语所构成的"意义的网络"。媒介为我们"打开了一个新的观念空间,看见了一个新的空间和世界"。媒介可以被看作一种显现的实体,也可以被看作各种意义和关系汇聚的空间。这个空间在观念的传达上有明显的侧重、强调和偏向,它向其使用者展开在特定空间中才可视和可理解的意义,而其使用者在这些空间中的意义生产和消费又会不断带动意义空间的开拓与转型(胡翼青,2018)。这一动态的、散布的意义场域也同时可感地作用于个体的认知图式和精神世界。这里所说的"治理",是媒介话语对个体行为可能性的引导和塑造,以及个体与话语间所形成的动态张力。媒介话语为个体提供了可效仿的行为模式,拓展了思维的定式。而这一系列话语通过不同媒介机制的运作和散播,通过空间的使然和推动,渗透进个体的行动。个体能动地与媒介话语形成互动和对话,有选择地内化话语并将其日益常态化。

第三节 学英语与自我建构的进一步反思

正如弗洛伊德所言,一个健全的人格涵盖了本我、自我与超我的三重建构。尤其是人格社会属性的超我建构,即"道德化的自我",包括"自我理想"、"自我典范"所隐喻的理想境界,是社会习得的内在动力,也是自我建构的核心内容。因而该做些什么? 如何行动? 成为何种人? 这些正是生活于即盛现代性的人们共同面对的核心问题。也是我们所有人或以话语形式或以日常社会行为形式在作答的问题(安东尼·吉登斯,2016:66)。同时,也是个体在成长过程中时刻叩问自己的问题。

从传播学视域而言，以学英语为代表的个体自觉习得与社会习得的广泛兴起，是多元传播情境（国家、市场、传媒）以及多重实践空间共同作用的结果。个体行为的私人环境以及围绕个体的社会环境所构筑的生活空间，构建了自我表达、自我建构的场域。在生活中，我们注重饮食的健康，坚持健身等，这些行为所反映出的是我们根据从社会得到的有关我们应当如何生活的信息——知识、报酬和形象——来管理自己（林恩·范德勒，2017：52）。学英语亦是如此。学英语的过程同时也是个体在多元媒介话语所建构的叙事空间中的书写感知和思考。改革开放四十多年来，在当代中国所形成的英语热潮的推动之下，关于学英语所建构的话语场域，正在形成足够的"内聚力"和"群体动力"，对当代中国个体自我建构的认知、文化和全球的认知产生了深远的影响。

多元传播情境彼此之间构筑了多互动与强互惠的知识型网络。国家、市场与传媒共同编织的关于学英语的传播情境共生并相互关联，彼此间穿插重叠，共同维护、建构关于"学英语"的意义系统并互为注脚，将学英语构成了一种话语"复调"。学英语也逐渐扩展为一个持续性动态运作和发展的知识型网络。在这混合且杂糅的知识型话语丛中，一条隐性的话语路径在潜移默化间被人们所感知和捕捉。人们愈发深刻地明晰学英语的重要性，个人能力的优化和个人素质愈发得到提升。学英语同时也是自觉性的自我管理和自我推动。而为了学好英语，须具备勤勉、自律、责任感等个人品质。这些认知在展开学习的过程中也成为人们衡量自我行为的标尺，学英语也由此成为一段长期的自我书写和自我建构。

正如本章节开头所言，学英语是一段"千万里"的征程，而这段征程也正在不断地延展着它的时间跨度。"双语宝宝"概念的出现,市场上各种英语早教班,标志着人们将学英语提前纳入对下一代的发展规划。虽然无法确信何时开始学才是科学的、有效的,但对于大多数家长而言,更早地进入这一技能的开发和培养,更快地掌握这门语言,意味着孩子可以更有信心地迈向理想的目标身份。而更多的成年人开始每日打卡学英语,老年课堂中出现英语口语、英语阅读课程等,说明英语已经构成了当代中国人自我管理体系中愈发重要的一部分。在压力过载和竞争弥散的当代社会,学英语是面对压力的积极应对措施。市场机构打造出的"赢在起跑线"的诱人理念,也成了学习者心中无解的迷思。所谓"地道"且"纯正"的英语语言环境营造因为需要一定资本和智识的支撑,也因此形成了无形的分野,而这背后混杂的是学习者的热忱和无力。在纵横交错的关系型主导的社会化媒体中,"别人家的孩子"、"别人家的家长"因为英语学习中的表现被多方位地呈现、分享、观照和比对。人们既是"优秀"的被动观赏者,同时也希望可以成为"优秀"的主动展示者。这些均强化了个人的危机意识和竞争意识。在这段以坚持、进取作为行动准则的自我管理征程中,每个学习者都在经历着与之相关联的热忱、迷茫、焦虑、激情等丰富且多元的实践经验与情感体验。

更为重要的是,在英语学习的过程中,中国人也在以前所未有的广度和深度吸纳多样的全球文化,拓展思维空间。我们所学习的不仅是语言知识、成功学习者的过往经验、媒介所建构的"精英"人物,同时所观所感的是丰富且多元的文化他者。学英语,用英语阅读、表达、互动,所体现的是当代中国人在公共的、共享的、日益紧密连接的世界中所展现出的世界主义特性。这里的世界主义不是市场所包装出的炫目概念,也不是人们所理解的高效、显见的学习成效，而是具备诠释世界的能力，可以对于全球文化他者有更为真实的认知和更具包容性的理解。当我们有意识地反思原先的生活模式，对自我的态度和行为进行审视和评估，当我们能以更为灵活且审慎的态度理解世界、以更为共情的态度投射于他者，形成互为主体性的文化感知和交互时，学英语也就愈发深刻地融入具有延续性和动态性的自我发展历程。

在高速现代化与全球化的转型社会中，学英语所涵盖的话语意义远不止于知识习得，而是体现了个体认知、社会认知、文化认知的复杂内涵，学英语所体现的态度与行为在现实空间和虚拟空间的投射，也构成了个体自我建构不可或缺的一部分；而我们每个人也在这一过程中逐渐显现出历经锻造的自我样态。

参考文献

一、 中文类

连续出版物

陈榕. 流动的现代性中的后全景敞视结构 —— 论《液态监控:谈话录》[J]. 外国文学,2015,3:145-156.

陈力丹. 传播是信息的传递,还是一种仪式? ——关于传播"传递观"与"仪式观"的讨论[J]. 国际新闻界,2008,8:44-49.

陈秀娟. 当代西方世界主义研究[J]. 哲学动态,2010,2:75-81.

程曼丽. 大众传播与国家形象塑造[J]. 国际新闻界,2007,3:5-10.

杜道明.语言与文化关系新论[J]. 中国文化研究,2008,冬之卷:133-140.

杜骏飞. 新闻是人,新闻学是人学[J]. 国际新闻界,2018,2:22-29.

复旦大学信息与传播研究中心课题组. 可沟通城市指标体系建构:基于上海的研究(上)[J]. 新闻与传播研究,2015,7:5-15.

高倩. 来自"英语角"的报告[J]. 社会,1999,8:16-18.

高一虹,周燕. 二语习得社会心理研究:心理学派与社会文化学派[J]. 外语学刊,2009a,1:123-128.

　　高一虹. 社会语言学研究:作为知识增长点的"整合"[J]. 中国外语,2009b,6(3):14-19,39.

　　高一虹. 投射之"屏幕"与反观之"镜子"——对中国英语教育三十年冷热情绪的思考[J]. 外语教学理论与实践,2015,1:1-7.

　　郭建斌. 如何理解"媒介事件"和"传播的仪式观"——兼评《媒介事件》和《作为文化的传播》[J]. 国际新闻界,2014,4:6-19.

　　何莲珍,张慧玉. "中国英语能力等级量表"的语言经济学分析[J]. 外语教学与研究(外国语文双月刊),2017,49(5):743-753.

　　胡翼青. 显现的实体抑或意义的空间:反思传播学的媒介观[J]. 国际新闻界,2018,2:30-36.

　　黄旦.美国早期的传播思想及其流变——从芝加哥学派到大众传播研究的确立[J]. 新闻与传播研究,2005,1:15-27.

　　黄淑贞. 文化资本与身份认同——以美剧在中国的传播为例[J]. 江苏行政学院学报,2012,3:45-50.

　　黄月琴. "心灵鸡汤"与灾难叙事的情感规训——传媒的社交网络实践批判[J]. 武汉大学学报(人文科学版),2016,69(5):114-118.

　　李红涛. 已结束的"战争"走不出的"迷宫"——"SARS十年"纪念报道中的隐喻运用与媒介记忆[J]. 新闻记者,2014,4:84-93.

　　李红艳. 手机:信息交流中社会关系的建构——新生代农民工手机行为研究[J]. 中国青年研究,2011,5:60-64.

　　李敬. 传播学视域中的福柯:权力,知识与交往关系[J]. 国际新闻界,2013,2:60-68.

　　刘海龙. 中国语境下"传播"概念的演变及意义[J]. 新闻与传播研究,2014,8:113-119.

　　刘涛. 社会化媒体与空间的社会化生产:福柯"空间规训思想"的当代阐释[J]. 国际新闻界,2014,5:48-63.

　　陆双梅. 震惊的体验:迪庆藏族民众手机交往中的社会文化心理探析[J]. 新闻大学,2014,2:50-56.

　　马中红. 在破坏中建构:"小时代"的亚文化语言[J]. 文化纵横,2013,10:81-86.

莫伟民. 福柯与自由主义:作为意识形态抑或治理技艺? [J].哲学研究,2012,10：84－90.

潘忠党. 城市传播研究的探索——"青年的数字生活与都市文化"专题研究的导言[J]. 新闻与传播研究,2016,8：26－29.

彭兰. 重构的时空——移动互联网新趋向及其影响[J]. 汕头大学学报(人文社会科学版),2017,33(3)：93－102.

钱佳湧."行动的场域":"媒介"意义的非现代阐释[J]. 新闻与传播研究,2018,(3)：26－40.

单波. 跨文化传播如何可能[J]. 新闻与传播评论,2009：212－225.

束定芳.语言与文化关系以及外语基础阶段教学中的文化导入问题[J].外语界,1996,(1)：11－17.

孙玮. 作为媒介的外滩:上海现代性的发生与成长[J]. 新闻大学,2011,4：67－77.

孙文峥. 自我与他者的关联建构——跨文化传播视域下的世界主义探究[J]. 当代传播,2018,2：37－40.

王宁.西方文化关键词:世界主义[J].外国文学,2014,1：96－105.

汪凯. 从刻奇到戏谑:"反鸡汤"作为一种感觉结构[J]. 新闻与传播研究,2017,10：32－48.

王晓德."文化帝国主义"命题源流考[J]. 学海,2009,2：28－37.

王晓升. 论语言的表达困境[J]. 社会科学研究,1994,3：74－79.

王一川. 从理性中心到语言中心——20世纪西方语言论诗学的兴起[J].文学评论,1994,6：97－107.

王一川.语言乌托邦之诞生——语言论转向与20世纪西方美学[J]. 北京师范大学学报(社会科学版),1995,1：19－26.

吴斯.身份建构需求、认同序列与信息鄙视链的生产[J]. 南京邮电大学学报(社会科学报),2018,20(1)：69－75.

吴献举,张昆. 国家形象:概念、特征及研究路径之再探讨[J]. 现代传播,2016,1：57－62.

肖珺. 多模态话语分析:理论模型及其对新媒体跨文化传播研究的方法论意义[J]. 武汉大学学报(人文科学版),2017,70(6)：126－134.

谢立中.多元话语分析:社会分析模式的新尝试[J]. 社会,2010,2：1－19.

谢静. 地点制造:城市居民的空间实践与社区传播——J 市"健身坡"的案例解读[J]. 新闻与传播研究,2013,2:113-125.

熊秉纯. 质性研究方法刍议:来自社会性别视角的探索[J]. 社会学研究,2001,5:17-33.

扬·布鲁马特,高一虹,沙克·科霍恩. 探索全球化的社会语言学:中国情境的"移动性"[J]. 语言教学与研究,2011,6:1-8.

杨国斌. 转向数字文化研究[J]. 国际新闻界,2018,2:99-108.

杨善华,孙飞宇. 作为意义探究的深度访谈[J]. 社会学研究,2005,5:53-68.

杨卫东. 全球化时代的语言文化帝国主义[J]. 国际论坛,2013,15(4):33-38.

尹鸿. 解读电视真人秀[J]. 今传媒,2005,(7):14-18.

於红梅. 数字媒体时代城市文化消费空间及其公共性——以苏州平江路为例[J]. 新闻与传播研究,2016,8:30-48.

喻国明,郭超凯. 线上知识付费:主要类型、形态架构与发展模式[J]. 编辑学刊,2017,5:6-11.

袁艳. 传播学研究的空间想象力[J]. 新闻与传播研究,2006,1:45-50.

翟学伟. 本土的人际传播研究:"关系"的视角与理论方向[J]. 新闻与传播研究,2008,6:40-43.

翟学伟. 人如何被预设:从关系取向对话西方——重新理解中国人的问题[J]. 探索与争鸣,2017,5:37-40.

郑欣,章译文."消费式融入":新生代农民工的城市生活实践及其抗争——基于长三角地区的实证研究[J]. 中国地质大学学报(社会科学版).2016,16(1):123-134.

朱虹.身体资本与打工妹的城市适应[J]. 社会,2008,6:153-175.

专著

[美]阿尔君·阿帕杜莱. 消散的现代性:全球化的文化维度[M]. 刘冉,译. 上海:上海三联书店,2012.

[美]爱德华·霍尔.无声的语言[M]. 何道宽,译. 北京:北京大学出版社,2010.

［美］埃里克·霍弗. 狂热分子:群众运动圣经［M］. 梁永安,译. 桂林：广西师范大学出版社,2011.

［美］艾瑞克·克莱默. 全球化语境下的跨文化传播［M］. 刘杨,译. 北京：清华大学出版社,2015.

［英］安东尼·吉登斯. 现代性与自我认同:晚期现代中的自我与社会［M］. 夏璐,译. 北京:中国人民大学出版社, 2016.

［瑞典］奥维·洛夫格伦,乔纳森·弗雷克曼. 美好生活:中产阶级的生活史［M］. 赵丙祥, 罗杨,等,译. 北京:北京大学出版社, 2011.

［俄］巴赫金. 巴赫金全集［C］. 钱中文,主编. 石家庄:河北教育出版社, 1998.

曹晋. 媒介与社会性别研究:理论与实例［M］. 上海:上海三联书店,2008.

陈琳. 同一个世界:英语 300 句［M］. 北京:外语教学与研究出版社, 2006.

陈向明.旅居者和"外国人"——留美中国学生跨文化人际交往研究［M］. 北京：教育科学出版社, 2004.

［美］大卫·哈维. 新自由主义简史［M］. 王钦,译. 上海：上海译文出版社, 2016.

［英］丹尼尔·米勒,［澳］希瑟·霍斯特. 数码人类学［M］. 王心远,译. 北京:人民出版社,2014.

［美］戴维·温伯格. 知识的边界［M］. 胡泳,高美,译. 太原:山西人民出版社,2014.

丁尔苏. 符号与意义［M］. 南京:南京大学出版社,2012.

杜日新. 管窥集［M］. 长春:吉林文史出版社,1991.

范可. 在野的全球化——流动、信任与认同［M］. 北京:知识产权出版社, 2015.

冯唐. 北京,北京［M］. 重庆:重庆出版社,2007.

付克. 中国外语教育史［M］. 上海:上海外语教育出版社,1986.

高一虹,等. 大学生英语学习动机与自我认同发展——四年五校跟踪研究［M］. 北京:高等教育出版社,2013.

［法］古斯塔夫·勒庞. 乌合之众:大众心理研究［M］. 冯克利,译. 北京:

中央编译出版社,2015.

[德]海德格尔. 人,诗意地安居——海德格尔语要[M]. 郜元宝,译. 上海:上海远东出版社,1995.

[法]亨利·列斐伏尔. 空间与政治(第二版)[M]. 李春,译. 上海:上海人民出版社,2015.

胡春阳. 话语分析:传播研究的新路径[M]. 上海:上海世纪出版集团,2007.

[法]加布里埃尔·塔尔德. 特里.N.克拉克,编. 传播与社会影响[M]. 何道宽,译. 北京:中国人民大学出版社,2005.

金惠敏. 消费他者:全球化与资本主义的文化图景[M]. 北京:商务印书馆,2014.

课程教材研究所. 20 世纪中国中小学课程标准·教学大纲汇编(外国语卷——英语)[M]. 人民教育出版社,2001.

[法]克里斯蒂娃. 克里斯蒂娃学术精粹选译:语言,这个未知的世界[M]. 马新民,译. 上海:复旦大学出版社,2015.

[美]兰德尔·柯林斯. 互动仪式链[M]. 林聚任,王鹏,宋丽君,译. 北京:商务印书馆,2012.

[美]林恩·范德勒. 米歇尔·福柯[M]. 邵文实,译. 哈尔滨:黑龙江教育出版社,2017.

[英]雷蒙·威廉斯. 关键词:文化与社会的词汇[M]. 刘建基,译. 北京:生活·读书·新知三联书店,2016.

联合国教科文组织国际教育发展委员会. 学会生存——教育世界的今天和明天[M]. 上海师范大学外国教育研究室,译. 上海:上海译文出版社,1979.

林语堂. 中国人[M]. 郝志东,沈益洪,译. 杭州:浙江人民出版社,1988.

刘海龙. 重访灰色地带:传播研究史的书写与记忆[M].北京:北京大学出版社,2015.

卢跃刚. 东方马车:从北大到新东方的传奇[M]. 北京:光明日报出版社,2002.

鲁迅. 朝花夕拾[M]. 北京:中国言实出版社,2016.

鲁子问,等. 外语政策研究[M]. 北京:北京大学出版社,2012.

［美］罗伯特·赫钦斯. 学习型社会［M］. 林曾,李德雄,蒋亚丽,等,译. 北京:社会科学文献出版社,2017.

［加］马歇尔·麦克卢汉. 理解媒介:论人的延伸［M］. 何道宽,译. 南京:凤凰出版传媒股份有限公司,2011年.

孟臻. 外语教育政策:制定与实施研究［M］. 上海:复旦大学出版社,2012.

［法］米歇尔·福柯. 知识考古学［M］. 谢强,马月,译. 北京:生活·读书·新知三联书店,2003.

［法］米歇尔·福柯. 不正常的人［M］. 钱瀚,译. 上海:上海人民出版社,2010.

［法］米歇尔·福柯.疯癫与文明［M］.刘北成,杨远婴,译.北京:生活·读书·新知三联书店,2012a.

［法］米歇尔·福柯.规训与惩罚［M］.刘北成,杨远婴,译.北京:生活·读书·新知三联书店,2012b.

［法］米歇尔·福柯. 自我技术:福柯文选［M］. 汪民安,编. 北京:北京大学出版社,2016.

［法］米歇尔.福柯.福柯说权力与话语［M］.陈怡含,编译.武汉:华中科技大学出版社,2017.

苗丹国. 出国留学六十年 当代中国的出国留学政策与引导在外留学人员回国政策的形成、变革与发展［M］. 北京:中央文献出版社,2010.

［美］尼古拉斯·卡尔. 浅薄:你是互联网的奴隶还是主宰者［M］. 刘纯毅,译. 北京:中信出版社,2015.

牛道生. 英语对中国的历史性影响［M］. 北京:北京大学出版社,2013.

［英］诺曼·费尔克拉夫.话语与社会变迁［M］.殷晓蓉,译.北京:华夏出版社,2003.

［美］欧文·戈夫曼. 日常生活中的自我呈现［M］. 冯钢,译. 北京:北京大学出版社,2008.

潘文国. 危机下的中文［M］. 沈阳:辽宁人民出版社,2008.

［美］乔治·赫伯特·米德. 心灵、自我和社会［M］. 霍桂桓,译. 南京:译林出版社,2014.

［美］塞缪尔·亨廷顿. 文明的冲突与世界秩序的重建［M］. 周琪,刘绯,

张立平，王圆，译. 新华出版社，2002.

单波. 跨文化传播的问题与可能性[M]. 武汉：武汉大学出版社，2010.

沈艳蕾，张艳，贺业明. 英语在中国本土化的百年历程[M]. 北京：清华大学出版社，2016.

史利红，张舍茹. 二语学习动机研究：从理论到实践[M]. 北京：北京理工大学出版社，2016.

四川外国语学院高等教育研究所. 中国外语教育要事录（1949—1989）[M]. 北京：外语教学与研究出版社，1993.

[英]汤林森. 文化帝国主义[M]. 冯建三，译. 上海：上海人民出版社，1991.

[荷]托伊恩·A.梵·迪克.作为话语的新闻[M].曾庆香，译.北京：华夏出版社，2003.

王辉. 全球化、英语传播与中国的语言规划研究[M]. 北京：社会科学文献出版社，2015.

汪民安. 福柯的界线[M]. 郑州：河南大学出版社，2018.

萧易忻.抑郁症在中国产生的社会学分析[M].上海：华东理工大学出版社，2016.

新京报社. 日志中国：回望改革开放 30 年(1978—2008)：第三卷[M]. 北京：中国民主法制出版社，2008.

严勤，吕勇. 语音信号处理与识别[M]. 北京：国防工业出版社，2015.

杨国斌. 连线力：中国网民在行动[M].邓燕华，译. 桂林：广西师范大学出版社，2013.

阎云翔. 中国社会的个体化[M]. 陆洋，等，译. 上海：上海译文出版社，2016.

杨惠中. 大学英语四、六级效度研究[M]. 上海：上海外语教育出版社，1998.

杨跃，吴康宁. 匿名权威与文化焦虑——大众培训的社会学研究[M]. 南京：南京师范大学出版社，2006.

於红梅. 家居营造：上海都市中产的自我表达实践[M]. 上海：复旦大学出版社，2015.

于全有. 语言底蕴的哲学追索——从传统语言本质论到层次语言本质论

[D]. 吉林大学，2008.

[美]约翰·费斯克，等. 关键概念：传播与文化研究辞典：第二版[M].李彬，译. 北京：新华出版社，2004.

翟学伟. 中国人的日常呈现——面子与人情的社会学研究[M]. 南京：南京大学出版社，2016.

[美]詹姆斯·W. 凯瑞. 作为文化的传播[M]. 丁未，译. 北京：华夏出版社，2005.

张元. 英语也疯狂[M]. 北京：文化艺术出版社，2002.

周宪. 文化表征与文化研究[M]. 上海：人民出版社，2015.

朱鲁子，杨爱祥. 走火入魔的英语[M]. 长沙：湖南人民出版社，2004.

朱晔. 中国英汉双语教育研究——现状与规划[M]. 上海：复旦大学出版社，2015.

专著中析出的文献

陈永国. 话语[M]//赵一凡，张中载，李德恩. 西方文论关键词. 北京：外语教学与研究出版社，2017：222-231.

杜晓桦. 英语名字的中文意涵：上海外企白领与他们的西文名字[M]//周晓红，谢曙光.中国研究 2005 年秋季卷总第二期. 北京：社会科学文献出版社，2006：47-73.

格雷厄姆·默多克. 阶级分层与文化消费——皮埃尔·布迪厄(1977)年著作中的某些问题[M]. 陈金英，译//薛晓源，曹荣湘. 全球化与文化资本. 北京：社会科学文献出版社，2005：95-108.

曼弗雷德·弗兰克. 论福柯的话语概念[M]. 陈永国，译//汪民安，陈永国，马国良. 福柯的面孔. 北京：文化艺术出版社，2001：83-104.

南希·弗雷泽. 福柯论现代权力[M].李静韬，译//汪民安，陈永国，马国良. 福柯的面孔. 北京：文化艺术出版社，2001：122-144.

皮埃尔·布迪厄. 资本的形式[M]. 武锡申，译//薛晓源、曹荣湘. 全球化与文化资本. 北京：社会科学文献出版社，2005：3-22.

孙中欣. 上海"白领丽人"：职场全球化趋势下的中国都市女性身份[M]//[挪威]玛黑特·里、瑞格荷德·路德、歌德·霍普斯登. 汉森主编. 在中国制造. 朱善杰，等，译. 上海：上海人民出版社，2013：70-87.

王波. 十三、疯狂的英语[M]// 徐百柯,等. 中国青年报冰点周刊丛书:特稿. 北京:西苑出版社,2012:165 - 177.

汪民安. 如何塑造主体[M] //[法]米歇尔·福柯. 自我技术:福柯文选. 北京:北京大学出版社,2016:Ⅲ - XXX.

汪民安. 权力[M]//赵一凡,张中载,李德恩. 西方文论关键词. 北京:外语教学与研究出版社,2017:442 - 456.

王朔.为《英语也疯狂》序[M]//张元. 英语也疯狂. 北京:文化艺术出版社,2002:1 - 5.

吴丽玮,李阳:疯狂与愤怒[M]//万静波选. 2011 年度人物. 武汉:长江文艺出版社,2012:98 - 108.

伍宁.“消费模范”:城市中国的美女博主、日常专家以及治理术[M]//周晓虹,谢曙光. 中国研究 2014 年春季卷,总第 19 期. 北京:社会科学文献出版社,2015:139 - 158.

薛晨.传播过程中的符号语境——皮尔斯符号学的认知研究进路[M]//曹顺庆.中外文化与文论:第 30 辑. 四川大学出版社,2015:199 - 207.

喻国明. 解读当前中国传媒发展关键词[M]//林江,冯玉明. 中国报业发展报告 2007 创新成就未来.北京:社会科学文献出版社,2007:203 - 212.

约翰·科贝特. 跨文化语言教育中的国家形象与跨国形象[M]//单波,刘欣雅. 国家形象与跨文化传播. 北京:社会科学文献出版社,2017:377 - 389.

张意. 文化资本[M]//赵一凡,张中载,李德恩. 西方文论关键词. 北京:外语教学与研究出版社,2017:568 - 578.

周宪,许钧. 文化和传播译丛总序[M]//[美]约翰·菲斯克. 电视文化. 祁阿红,张鲲,译. 北京:商务印书馆. 2005:1 - 3.

报纸文章、电子文献

曹忆蕾,张卓. 薄荷阅读是如何一步步占领了你的朋友圈?[EB/OL]. [2017 - 11 - 07]. https://baijiahao.baidu.com/s? id=1583416408792637947 &wfr=spider&for=pc.

邓舒夏. 你喜欢在朋友圈一边学习一边打卡的人吗?[EB/OL]. [2018 - 01 - 20]. https://www.cbnweek.com/articles/normal/20027.

韩婧. 北京"英语人口"现场练兵 记者游园会上感受市民学外语热浪[N]. 北京人才市场报, [2007 - 06 - 09](007).

黄冲 83.6%受访者认为国人汉语应用水平下降[EB/OL]. [2012 - 01 - 10]. http://zqb.cyol.com/html/2012 - 01/10/nw. D110000zgqnb_20120110_1 - 07.htm

李凌,黄蔚. 一部词典引发汉语"保卫战"[EB/OL]. [2012 - 09 - 01]. http://paper.jyb.cn/zgjyb/html/2012 - 09/01/content_77268.htm

刘长欣. 语文与英语的"中国式"较量[EB/OL]. [2013 - 11 - 24]. http://news.ifeng.com/gundong/detail_2013_11/24/31513812_0.shtml

刘昊. 五万市民外语游园:京津小学生劳动人民文化宫现场对抗比赛英语拼词[N]. 北京日报, [2006 - 10 - 15](001).

刘洪波. 雷军的英语有什么丢人的? ——学英语的都是纠错家[EB/OL].腾讯大家. http://dajia.qq.com/blog/477201052232409.html

欧阳维健. 李阳和他的疯狂英语[N]. 中国教育报, [2001 -01 - 09](6).

孙璐. 透视中国 30 年英语热:人数有望超过英语母语者[EB/OL]. [2009 -04 -12]. http://www.chinanews.com/gn/news/2009/04 - 12/1641791.shtml

孙曼均. 汉语应用能力弱化堪忧[EB/OL]. [2012 - 04 - 18]. http://theory.people.com.cn/GB/17686353.html.

吴瑕,梁建敏. 上海高校自主招生"学科歧视"引发网友哀叹[EB/OL]. [2010 - 01 - 26]. http://edu.qq.com/a/20100126/000052.htm

吴晓波频道发布《2017 新中产白皮书》,还原一个真实的中国新中产群体[EB/OL]. http://www.sohu.com/a/212585848_597912.

文莉莎.李阳:人生就得疯狂一点儿[EB/OL]. 新周刊网站. [2010 - 12 - 16]. http://www.neweekly.com.cn/article/100967

文涛,宋涛. 进击的英语[EB/OL]. 南都周刊. [2014 - 07 - 30].http://ent.ifeng.com/a/20140730/40209402_0.shtml

温欣语. 这个美国人拍了一部电影,记录白人在中国靠脸吃饭的"白猴子"[EB/OL]. 好奇心日报. http://www.qdaily.com/articles/38461.html

谢来,陈娟. 英语影响国人 150 年[EB/OL]. 国际先驱导报. http://ihl.cankaoxiaoxi.com/2013/1104/296071.shtml

熊翠红.李阳："传销"奥运英语[N]. 华夏时报，[2007 - 09 - 27](36).

印象笔记五周年发布:《中国知识工作者研究报告》[EB/OL]. http://blog.yinxiang.com/blog/2017/07/03/5th-anniversa ryresearch-report/

叶雨婷. 30 岁的英语四六级："中年危机"提前来了[N]. 中国青年报，[2017 - 07 - 24](009).

于也. 中产教育鄙视链:绝不让娃和没英文名、看喜羊羊的孩子同读没外教的幼儿园[EB/OL]. [2017 - 05 - 26].http://news.ifeng.com/a/20170526/51169284_0.shtml

张佳玮. 你你你你凭什么代表中国[EB/OL]. [2015 - 01 - 06]. https://cul.qq.com/a/20160106/020628.htm

张树华. 张树华:"英语热"浪费资源 让中国教育陷怪圈[EB/OL]. [2013 - 03 - 13]. http://news.163.com/13/0313/03/8PQM1FRQ00014AED.html.

张英.陈丹青:我为什么辞职[N]. 南方周末，[2005 - 04 - 07].

赵丽、戴梦岚. 媒体调查少儿英语培训市场:公开课弄虚作假 全年课程动辄上万[EB/OL]. 界面，[2017 - 08 - 12]. https://weibo.com/ttarticle/p/show? id=2309351000894 143101080933027

二、 英文类

连续出版物

Agar，M. The biculture in bilingual[J]. Language in Society，1991，20：167 - 181.

Agha，A. Commodity Registers[J]. Journal of Linguistic Anthropology，2011，21(1)：22 - 53.

Anagnost，A. Scenes of misrecognition：Maternal citizenship in the age of transnational adoption[J]. Position，2000，8(2)：389 - 421.

Berger，J，Iyengar，R. Communication channels and word of mouth：How the medium shapes the message[J]. Journal of Consumer Research，2013(40)：567 - 579.

Berger, J. Word of mouth and interpersonal communication: A review and directions for future research[J]. Journal of Consumer Psychology, 2014, 24(4): 586 – 607.

Bolton, K., Graddol, D. English in China today[J]. English Today, 2012, 28(3): 3 – 9.

Clarke, A. Governing the dieting self: Conducting weight-loss via the internet[J]. Journal of Sociology, 2015, 51(3): 657 – 673.

Darvin, R., Norton, B. Investment and language learning in the 21ˢᵗ Century[J]. Language & Society, 2016, 157: 19 – 38.

Didziokaite, G., Saukko, P., Greiffenhagen, C. The mundane experience of everyday calorie trackers: Beyond the metaphor of Quantified Self [J]. New Media & Society, 2017, 20(4): 470 – 487.

Friedman, J. Globalizing language: Ideologies and realities of the contemporary global system[J]. American Anthropologist, 2003, 105(4): 744 – 752.

Hanks, W. F. Indexicality [J]. Journal of Linguistic Anthropology, 1999, 9: 124 – 126.

Hannerz, U. Cosmopolitans and locals in world culture[J]. Theory, Culture & Society, 1990, (7): 237 – 251.

Hjarvard, S. The globalization of language: How the media contribute to the spread of English and the emergence of medialects[J]. Nordicom Review, 2004, 25(1 – 2): 75 – 97.

Johnson, A. The Rise of English: The language of globalization in China and the European Union[J]. Macalester International, 2009, 22: 131 – 168.

Kim, Y. Female cosmopolitanism? Media talk and identity of transnational Asianwomen[J]. Communication Theory, 2011, (21): 279 – 298.

Kirwan-taylor H. The Cosmocrats[J]. Harpers & Queen, 2000(10): 188 – 191.

Kristensen, D. B., Ruckenstein, M. Co-evolving with self-tracking technologies[J]. New Media & Society, 2018, 20(10): 3624 – 3640.

Kroz, F. The meta-process of 'mediatization' as a conceptual frame[J].

Global Media and Communication, 2007,3(3): 256 - 260.

Lewis, T., Martin, F. Learning modernity: lifestyle advice television in Australia, Taiwan and Singapore[J].Asian Journal of Communication, 2010, 20(3): 318 - 336.

Light, B., Burgess, J., Duguay, S. The walkthrough method: An approach to the study of apps[J]. New Media & Society, 2016, 20(3): 881 - 900.

Livingstone, S. On the mediation of everything: ICA presidential address 2008[J]. Journal of communication, 2009, 59(1): 1 - 18.

Lomborg, S., Frandsen, K. Self-tracking as communication [J]. Information, Communication & Society, 2016, 19(7): 1015 - 1027.

Low, S. M. Towards an anthropological theory of space and place[J]. Semiotica, 2009: 21 - 37.

Lupton, D. The diverse domains of quantified selves: self-tracking modes and dataveillance[J]. Economy and Society, 2016, 45(1): 101 - 122.

McLelland, M. J. Virtual ethnography: Using the Internet to study gay culture in Japan[J]. Sexualities, 2002, 5(4): 387 - 406.

Norton, B. Social identity, investment, and language learning [J]. TESOL Quarterly, 1995, 29(1): 9 - 31.

Norton, B., Toohey, K. Identity, language learning, and social change [J]. Lang. Teach.,2011, 44(4): 412 - 446.

Ong, A. Neoliberalism as a mobile technology[J]. Geographers, 2007, 32(1): 3 - 8.

Park, S. J., Abelmann, N. Class and cosmopolitan striving: Mothers' management of English education in South Korea [J]. Anthropological Quarterly, 2004, 77(4): 645 - 672.

Pollock, S. Bhabha, HK., Breckenridge, CA., Chakrabarty, D. Cosmopolitanism[J]. Public Culture, 2000, 12(3): 577 - 590.

Sharon, T., Zandbergen, D. From data fetishism to quantifying selves: Self-tracking practices and the other values of data[J]. New Media & Society, 2017, 19(11): 1695 - 1709.

Shuang Gao. Interactional straining and the neoliberal self: Learning English in the biggest English corner in China[J]. 2016,45: 397 - 421.

Skrbis, Z., Kendall, G., Woodward, I. Locating cosmopolitanism: Between humanist ideal and grounded social category[J]. Theory, Culture & Society, 2004, 21(6): 115 - 136.

Swidler, A. Culture in action: Symbols and strategies[J]. American Sociology Review, 1986,51: 273 - 286.

The Douglas Fir Group. A transdisciplinary framework for SLA in a multilingual world[J].The Modern Language Journal, 2016(9): 19 - 47.

Turken, S., Nafstad, H. E., Blakar, R. M., Roen, K. Making sense of neoliberal subjectivity: A discourse analysis of media language on self-development[J]. Globalization, 2016,13(1): 32 - 46.

Woodward, I.,Skrbis, Z., Bean, C. Attitudes towards globalization and cosmopolitanism: cultural diversity, personal consumption and the national economy[J]. The British Journal of Sociology, 2008, 59(2): 207 - 226.

专著

Abercrombie, N., Longhurst, B. Audiences: A sociological theory of performance and imagination[M]. London, Thousand Oaks, New Delhi: Sage Publications, 1998.

Barton, D., Lee, C. Language online: Investigating digital texts and practices[M]. London & New York: Routledge, 2013.

Cooley, C. H. Social organization: A study of the large mind[M]. New Brunswick, NJ: Tansaction Books,1983.

Crystal, D. English as a global language[M]. Cambridge: Cambridge University Press, 2003.

Duchene, A., Heller, M. (eds).Language in late capitalism: Pride and profit (Vol.1)[M]. Oxon: Routledge, 2012.

Eriksen, T. H.Globalization: The key concepts[M]. Bloomsbury, 2014.

Gardner, R. C., Lambert, W. E. Attitudes and motivation in second language learning[M]. Rowley, Mass: Newbury House, 1972.

Hall, S., Held, D., McGrew, T. Modernity and its futures [M]. Cambridge: Polity Press, 1992.

Hartley, J. Communication, cultural and media studies: The key concepts fourth edition[M]. London and New York: Routledge, 2011.

James, W.The principles of psychology, Vol.1[M]. New York: Henry Holt & Co, 1986.

Kachru, B. B. The Alchemy of English: The spread, functions and models of non-native Englishness[M]. Oxford: Pergamon, 1986.

Kanter R M. World Class: Thriving Locally in the Global Economy[M]. New York: Simon and Schuster, 1995.

Kien, G. Global Technography: Ethnography in the Age of Mobility [M]. New York: Peter Lang Publishing, 2009.

LiAnne Yu. Consumption in China: How China's new consumer ideology is shaping the nation[M]. Cambridge: Polity Press, 2014.

Ogbu, J. U. Minority education and caste: The American system in cross-cultural perspective[M]. New York: Academic Press, 1978.

Park, J. Sung-Yul., Wee, L. Markets of English: Linguistic capital and language policy in a globalizing world[M]. New York: Routledge, 2012.

Phillipson, R. Linguistic imperialism[M]. Oxford: Oxford University Press, 1992.

Pieterse, J. N. Globalization & culture: Global melange[M]. Rowman & Littlefield, 2015.

Schiller, H. Communication and Cultural Domination[M]. White Plains, NY: M. E. Sharpe, 1976.

Tam, Kwok-Kan., Timothy, W. (Eds.), English and globalization: Perspectives from Hong Kong and Mainland China[M]. Hong Kong: The Chinese University of Hong Kong, 2004.

Urry, J . Consuming places[M]. London: Routledge, 1995.

Weedon, C. Feminist practice and poststructuralist theory, second ed. [M]. Blackwell, Malden, MA, 1997.

Wenger, E. Communities of practice: Learning, meaning, and identity

[M]. Cambridge, England: Cambridge University Press, 1998.

Willis, P. Common culture: Symbolic work at play in the everyday cultures of the young[M]. Open University Press, 1990.

专著中析出的文献

Ajana, B. Introduction[M]// Ajana. B (Ed.). Self-tracking: Empirical and philosophical investigations, Palgrave , 2018: 1 - 10.

Beck, U. The cosmopolitan perspective: sociology in the second age of modernity[M]// Steven Vertovec & Robin Cohen (Eds.). Conceiving cosmopolitanism-Theory, context, Oxford: Oxford University Press, 2002: 61 - 85.

Boyd. D. Why youth heart social network sites: the role of networked publics in teenage social life[M]// Buckingham D (Ed.) Youth, Identity, and Digital Media. MIT Press, 2008: 119 - 142.

Calhoun C. The Class Consciousness of Frequent Travelers: Towards a Critique of Actually Existing Cosmopolitanism[C]// S.Vertovec & R. Cohen (Eds.). Conceiving Cosmopolitanism-Theory, Context, Practice. Oxford: Oxford University Press, 2002: 86 - 109.

Kramsch, C. J. Afterword[M]// Bonny Norton (Ed.) Identity and language learning: Extending the conversation (2nd). Bristol, UK, Multilingual Matters, 2013: 192 - 201.

Gergen, K. J. The challenge of absent presence[M]// J. E. Katz & M. Aakhus (Eds.) Perpetual contact: Mobile communication, private talk, public performance. Cambridge, U. K.: Cambridge University Press, 2002: 227 - 241.

Kent, R. Social media and self-tracking: representing the 'Health Self' [M]// Ajana. B (Ed.) Self-tracking: Empirical and philosophical investigations. Palgrave, 2018: 61 - 76.

Martins, N. Media and Emotional Development[M]// Dafna Lemish (Ed.) The Routledge international handbook of children, adolescents and media. London: Routledge, 2013: 247 - 254.

Norton, B. Identity and second language acquisition［M］// Carol A. Chapelle (Ed.), The Encyclopedia of applied linguistics. Blackwell Publishing Ltd, 2013: 1 - 8.

Prinsloo, J. Media and learning about the social world［M］// Dafna Lemish (Ed.) The routledge international handbook of children, adolescents and media. London: Routledge, 2013: 247 - 254.

会议论文、电子文献

Epstein, D. A., Ping, A., Fogarty, J., Munson, S. A. A lived informatics model of personal informatics［C］//Proceedings of the 2015 ACM International Joint Conference on Pervasive and Ubiquitous Computing, 2015: 731 - 742.

Evan Osnos. Crazy English: The national scramble to learn a new language before the Olympics［EB/OL］. The New Yorker. https://www. newyorker.com/magazine/2008/04/28/crazy-english. ［2008 - 04 - 28］.

Li, I., Dey, A. K, Forlizzi, J. A stage-based model of personal informatics systems［C］//Proceedings of the SIGCHI Conference on Human Factors in Computing Systems, ACM, 2010: 557 - 566.

Li, I., Dey, A. K, Forlizzi, J. Understanding my data, myself: Supporting self-reflection with ubicomp technologies［C］//Proceedings of the 13th International Conference on Ubiquitous Computing, ACM, 2011: 405 - 415.

Teodoro, R., Naaman, M. Fitter with Twitter: Understanding personal health and fitness activity in social media ［C］. Seventh International Conference on Weblogs and Social Media, 2013, Boston, MA. https://www. newyorker.com/magazine/2008/04/28/crazy-english.［2008 - 04 - 28］.

附录　访谈者主要信息

序号	姓名	性别	年龄	学历	工作/职业
1	Linda	女	38	本科	外企人力资源
2	Narissa	女	30	本科	会计
3	王晨	女	33	本科	公司文员
4	陈辰	女	30	本科	外企经理
5	刘帆	女	25	本科	警官
6	小吴	男	27	博士	博士生
7	李杰	男	20	本科	大学生
8	何烨	女	28	本科	自由职业
9	何晴	女	38	本科	全职持家
10	子琪 （何晴儿子）	男	10	小学	小学生
11	Rachel	女	35	本科	全职持家
12	丁冉	女	46	硕士	英语培训机构课程设计师
13	贝琳	女	29	硕士	英语培训机构老师
14	赵明	男	29	硕士	互联网家教服务平台老师

序号	姓名	性别	年龄	学历	工作/职业
15	何晖	男	32	硕士	电信公司销售
16	Molly	女	26	本科	幼儿英语培训机构老师
17	Henry	男	24	本科	咖啡师
18	William	男	39	本科	英语培训机构创办者
19	林旭	男	21	高中	火锅店领班
20	李斐	女	41	本科	服装店店主
21	Tracy	女	44	本科	网店店主
22	蒋小邱	女	36	硕士	银行法务
23	Michael	男	45	硕士	家居设计师
24	吴倩	女	38	硕士	高校从事行政工作
25	薛丽	女	37	硕士	高校图书馆馆员
26	朱濛	女	38	硕士	电视台节目编导
27	Lilian（朱濛女儿）	女	8	小学	小学生
28	蒋舒颖	女	27	本科	影视公司编剧
29	庞乐	男	28	硕士	银行职员
30	依亭	女	30	硕士	初中英语老师
31	希希	女	32	硕士	高中英语老师
32	洪波	男	39	硕士	广告公司项目策划
33	王勇	男	30	本科	软件工程师
34	Lynn	女	49	硕士	银行部门负责人
35	吴珩	女	51	本科	退休，现阶段在有机食品店兼职
36	吕老师	女	52	硕士	高中国际部老师
37	文景	女	36	硕士	银行职员
38	Jacob	男	31	本科	英语培训机构创办人

续 表

序号	姓名	性别	年龄	学历	工作/职业
39	Jony	男	23	本科	街舞工作室老师
40	阿菜	女	26	本科	时尚杂志编辑
41	Vivian	女	30	硕士	会计
42	小鱼	女	34	本科	化妆师

注:为保护访谈对象的隐私,访谈者的姓名均为化名。

后　记

　　《中国人学英语》这本书是我博士研究的进一步延伸和拓展。将中国人学英语作为研究方向源于我和导师郑欣教授的一次交谈。当导师提出这一想法时，我却感到颇为意外。学英语是一件多么稀松平常的事情，到底是什么让导师觉得这个选题可以作为我的研究方向？是因为我大学读的是英语专业，曾在英语培训机构兼职教过课？是因为我平时爱听英文歌曲，看英美电影和电视剧？抑或是因为偶尔我会被人咨询一下学英语的方法，也断断续续听过周围人一些学英语的故事？是的，英语和我的生活关联很紧密，但我之前却从未将它与学术研究联系在一起。但我又隐约地感觉到中国人学英语是一个足够有新意和社会洞察力也足够有挑战性的研究方向。这一最初模糊且不确定的感知在之后的几年里逐渐清晰和笃定。中国人学英语成为我的博士论文选题，我通过论文答辩，毕业后成为一名青年教师。这几年中，它一直牵引着我的学术兴趣，我也从来没有停止对它的探索和挖掘。试图理解、分析、诠释中国人学英语，成了我的一个重要的学术使命。而随着我对该话题的逐步深入，我也清楚地知道，围绕这一主题还有太多可以挖掘和值得挖掘的地方。这本书只是开始的第一步。

在写作初期，我阅读了大量的文献，试图理出一条相对清晰的研究思路，但一直没有突破。这让我觉得该选题过于宏大，而我并没有足够能力去驾驭。在我一筹莫展、困顿无力的时候，导师对我说："先去做访谈，去和别人好好交流，去听他们学英语的故事。"现在回想起来，在最初的时候，我并没有想到会遇到这么多真诚的分享者。他们当中绝大多数人与我素昧平生，但仍愿意抽出时间和我交流。他们恳切地与我倾诉自己或家人英语学习的历程，和我分享自己所经历的热忱、挫败、焦虑、激情等。这让我意识到，学英语不是单纯意义上的教与学，所学的也不仅是英语单词、句型和语法，或是市面上种类繁多的学习方法。人们在讲述学英语历程的同时，会诉说自己心目中的学习榜样、描绘生活期许、树立希望达到的人生目标，也会希望自己可以更有毅力、更加自律等。这些点滴都让学英语变得鲜活，成为他们饱含丰富且多元情感体验的人生历程。和他们的交流不仅开拓了我的研究思路，更让我感到惊喜且暖心。访谈交流过程中，他们会给予我信心，让我不要焦虑，沉下心好好研究，待成稿后与他们分享。感谢所有的访谈者，你们的鼓励是我不断前行的重要动力。

感谢导师郑欣教授。郑老师为人正派，谈吐幽默，学术严谨，洞察敏锐且犀利。在每一次的组会中，我从最初反应迟钝、语塞到最后可以自信地发表个人想法和见解，这些点滴成长都离不开郑老师的精心栽培。更不必说郑老师在博士研究和书稿写作期间对我的帮助，不论是在我茫然失措时的指导，在我困惑无力时的鼓励，还是在我沾沾自喜时的鞭策，都是我成长中非常宝贵的财富。

感谢美国伊利诺伊厄巴纳-香槟分校传播学研究教授 Clifford G. Christians，博士期间我曾作为联合培养博士生（国家留学基金资助）赴伊利诺伊大学厄巴纳-香槟分校访学一年，Christians 教授是我的联合培养导师。对于学术，Christians 教授始终保持着高度热忱和极为严谨的态度，这些都深深地感染着我。感谢传播学研究教授 Angharad N. Valdivia 教授。我和教授相识于南京大学新闻传播学院举办的一次学术讲座。在美交流学习期间，我和她也进行了深入的交流。教授丰富的思维，广博的涉猎，优雅的谈吐，开拓了我的研究思路。

感谢南京大学新闻传播学院的老师们。老师们悉心的培养和指点，让我在一次次的脑力激荡中成长。他们真挚且热忱的学术态度也深深感染着我，是我学习的榜样。

感谢活泼且充满朝气的 2015 级全体博士班同学。

感谢相互帮助、相互鼓励的可爱同门们。

感谢我的家人。我的父母一直给予我最大的支持、包容和鼓励。感谢我的外婆，她的乐观和坚强让我动容。感谢爱人暖心且最有默契的理解和陪伴。

最后我要感谢我的外公。他在 2017 年的秋天离开了我们。外公一生认真治学，严于律己，又非常热爱生活，一直开朗风趣。从我有记忆起，他一直伏案读书读报，九十多岁的高龄仍然坚持读外文文章，看到不认识的单词拿出字典查阅。休息的时候，他通常会安静地坐在沙发上闭上眼睛听着交响乐，手指轻轻地敲打。这本书送给亲爱的外公，我一直非常想念他。

2020 年，南京大学新闻传播学院紫金楼